Anonymous

Die Korrection des Rheins

von Basel bis zur Grossherzogl. hessischen Grenze

Anonymous

Die Korrection des Rheins
von Basel bis zur Grossherzogl. hessischen Grenze

ISBN/EAN: 9783743406698

Hergestellt in Europa, USA, Kanada, Australien, Japan

Cover: Foto ©ninafisch / pixelio.de

Weitere Bücher finden Sie auf **www.hansebooks.com**

Die
Correction des Rheins
von

Basel bis zur Großherzogl. Hessischen Grenze.

Denkschrift
mit 20 Beilagen und einem Kartenheft.

Bearbeitet
von
Großh. Oberdirection des Wasser- und Straßenbaues.
1862.

Karlsruhe.
Druck der G. Braun'schen Hofbuchdruckerei.
1863.

Einleitung.

Die **Rheincorrection**, bei welcher das Großherzogthum Baden betheiligt ist, erstreckt sich auf die Abtheilung des Flusses von Basel bis zur Großherzoglich Hessischen Grenze, mithin auf ein Gebiet von etwa 59 Stunden Länge.[1])

Die Eigenthümlichkeit des Flusses ist, soweit er auf eine Länge von 41 Stunden die Grenze zwischen Baden und Frankreich bildet, wesentlich verschieden von jenem Theile, welcher auf 18 Stunden Erstreckung einseits badisches, anderseits bayerisches Gebiet berührt.

Von Basel abwärts bis gegen die bayerische Grenze hin, war nämlich der Rhein noch vor 30 Jahren einem Wildstrom gleich, der sich in viele Arme theilte, von denen bald dieser bald jener das Hauptbett bildete.

Von der bayerischen Grenze abwärts dagegen bestund schon seit sehr langer Zeit ein mehr geschlossenes, wenn auch viel gekrümmtes und unregelmäßiges Flußbett.

War demnach durch den häufigen Wechsel des Stromlaufes in der obern Abtheilung ein Gebiet von ca. einer halben Stunde Breite [2]) den fortwährenden Angriffen des Flusses und der Ueberschwemmung preisgegeben, so bewirkten die dem Wasserabfluß hinderlichen Flußkrümmungen der unteren Abtheilung bei höheren Wasserständen ebenfalls die nachtheiligsten Ueberfluthungen des betreffenden Rheingebiets.

Auch die Schifffahrt und Flößerei waren dadurch in hohem Grade gestört, ja zeitweise ganz verhindert.

Die hierdurch erwachsenen, mit der steigenden Bevölkerung und der damit zusammenhängenden Ausdehnung der Bodencultur immer fühlbarer gewordenen Mißstände, treten lebhaft vor das Auge, wenn

---

[1]) Soweit der Rhein von Basel aufwärts bis zu seinem Ausfluß aus dem Bodensee die Grenze zwischen Baden und der Schweiz bildet, besitzt er größtentheils ein geschlossenes, durch Gebirge begrenztes Bett, weßhalb dort keine, oder doch nur unerhebliche Regulirungsarbeiten nöthig sind. Da diese Abtheilung des Flusses, mit alleiniger Ausnahme einer Strecke bei der, dem Stromangriff besonders stark ausgesetzten, Stadt Waldshut, auch nicht in den allgemeinen Flußbauverband aufgenommen ist, werden daselbst nur in besonders dringenden Fällen Uferschutzbauten auf Rechnung der Staatskasse ausgeführt.

[2]) Die gewöhnliche Breite des Beckens des Oberrheins beträgt 6—8000 Fuß.

man sich erinnert, wie Tausende von Morgen cultivirten Geländes fast jährlich überschwemmt und zerstört, ja selbst viele Ortschaften in Zeiträumen von 2 bis 3 Jahren mehrmals in einer Weise unter Wasser gesetzt und gefährdet wurden, daß nicht allein große Verluste an Eigenthum, sondern selbst an Menschenleben zu beklagen waren.

Die ältere und neuere Geschichte der Städte Neuenburg [2]), Altbreisach [3]) und Philippsburg [4]), und die nöthig gewordene gänzliche Verlegung der Orte Dettenheim [5]) und Knautenheim [6]) auf das Hochgestade, geben hiefür die sprechendsten Belege, der großen Wasserbeschädigungen der anderen im Ueberschwemmungsgebiet liegenden Orte gar nicht zu gedenken.[7])

Obgleich nun zur Abwehr solcher Unglücksfälle sowohl von dem Staate, als von den betreffenden Gemeinden viele und große Opfer fortan gebracht wurden [8]); so war der Erfolg derselben doch immer ein verhältnißmäßig sehr unbedeutender und ungenügender.

Der Rheinbau beschränkte sich nämlich nur auf die Vertheidigung der Ufer an den am meisten bedrohten Stellen und man suchte, insbesondere gegenüber von Frankreich, durch künstliche Abschlüsse der Stromarme und durch Dämme die gefährdeten Orte zu schützen, wie dieß z. B. bei Märkt, Efringen, Bellingen, Rheinweiler, Steinenstadt, Neuenburg, Rust, Plittersdorf ꝛc. mit mehr oder weniger großem Aufwand geschehen ist.

Da aber diese Bauten eine Verbesserung des Stromlaufes im Ganzen nicht bewirkten, sondern sogar vielfach die an einer Stelle beklagten Uebelstände nur an einen andern Ort übertrugen, und insbesondere durch solche, an einem Ufer hergestellte, Bauten die jenseitigen Ufer nicht selten sehr gefährdet wurden, mußte sich allmälig der Gedanke Bahn brechen, daß es nur einem p l a n m ä ß i g e n und g e m e i n s a m e n Vorangehen der beiderseitigen Uferstaaten möglich sei, in Verbindung mit der augenblicklich gebotenen Abwehr der Stromangriffe, zugleich eine allmählige Regelung des Flußbettes und dadurch eine dauernde Beseitigung der Mißstände und eine möglichste Ermäßigung des zukünftigen Aufwandes für den Rheinbau zu erzielen.

Dem Großherzoglichen Oberst Tulla [9]) war es vorbehalten, diesen Gedanken zuerst zur practischen Geltung zu bringen.

---

[2]) Im 16. Jahrhundert wurde die Kirche und das Pfarrhaus in Neuenburg durch den Rhein zerstört und in den Jahren 1817—1822 war diese Stadt abermals in höchstem Maaße gefährdet, da der Hauptstrom unmittelbar vor der Stadt vorüberzog.

[3]) Noch im Jahr 1852 war die Stadt Breisach in Gefahr wieder eine Insel zu werden, wie sie dieß im 10. und 13. Jahrhundert gewesen ist.

[4]) In den Jahren 1817 und 1824 stand noch ein Theil der Straßen der Stadt Philippsburg unter Wasser.

[5]) Der auf der jetzigen Gemarkung Liedolsheim gestandene Ort Dettenheim wurde wegen öfterer Ueberschwemmung im Jahr 1813 verlegt und dadurch der jetzige Ort Karlsdorf, Amt Bruchsal, gegründet.

[6]) Der zwischen Rußheim und Rheinsheim gelegene Ort Knautenheim wurde in Folge einer im Jahr 1758 erfolgten großartigen Ueberschwemmung auf das Hochgestade verlegt, und dadurch der Ort Huttenheim gegründet.

[7]) Siehe Beilage I. Der Schaden allein, welcher den gegenüber der bayerischen Gränze liegenden badischen Orten in den Jahren 1816—1820 durch Ueberschwemmungen des Rheins zuging, wurde auf 3 Millionen geschätzt.

[8]) Der in den Jahren 1817—1823 bei Neuenburg ausgeführte Abschluß hat allein 500,000 fl. in Anspruch genommen.

[9]) Gottfried Tulla, geb. in Carlsruhe am 20. März 1770, wurde im Jahr 1797 zum Ingenieur, 1803 zum

— 5 —

Im Jahr 1817 entwarf nämlich dieser ausgezeichnete Ingenieur den ersten Rectificationsplan für die Rheinstrecke von Neuburg bis zu dem ehemaligen Orte Dettenheim, und es wurde auf Grund dieses Planes unterm 24. April 1817 zwischen Baden und Bayern eine Uebereinkunft über gemeinsame Ausführung mehrerer Rheindurchschnitte abgeschlossen und alsbald in Vollzug gesetzt, so daß schon im Jahre 1825 sechs Durchschnitte ausgeführt waren.

Um nun diese einmal begonnene Rectification des Rheins längs der bayerischen Grenze möglichst bald zur Vollendung zu bringen, ganz besonders aber um auch einer planmäßigen Rectification des Flusses längs der französischen Grenze Eingang zu verschaffen, schrieb Tulla im Jahr 1822 eine kurze Abhandlung über die Rheincorrection, worin insbesondere die vielseits erhobenen Einwendungen und Bedenken gegen ein solches Unternehmen gründlich widerlegt wurden.

Diesem interessanten und weit verbreiteten Aufsatze folgte im Jahr 1825 eine größere Denkschrift**) desselben Verfassers, worin die Nützlichkeit der Rheincorrection ausführlich begründet und der überwiegende vielseitige Gewinn mit dem wahrscheinlichen Kostenaufwand in Vergleich gezogen ist.

Obgleich nun diese ebenso gründliche, als anziehende, wissenschaftliche Arbeit vielseitige Anerkennung in maßgebenden Kreisen fand und auch — in französische Sprache übersetzt — Verbreitung in Frankreich erhielt, so stellten sich doch der Ausführung des Correctionsprojects, namentlich bezüglich des badisch-französischen Rheins, theils wegen seiner Neuheit und Großartigkeit, hauptsächlich aber der bedeutenden Kosten wegen vielerlei Hindernisse entgegen.

Ueberdieß fehlte es damals noch an einer genauen Karte über das badisch-französische Rheingebiet, indem die erste derartige Kartirung erst im Jahr 1827 vollendet wurde.

Die mit den Rheinbauten betrauten Ingenieure nahmen zwar allmählig die in der gedachten Denkschrift gegebenen Andeutungen über eine zweckmäßige technische Behandlung des Rheins mehr und mehr zur Richtschnur für die beiderseits auszuführenden Bauten, allein eine eigentliche Verständigung derselben über einen allgemeinen Correctionsplan konnte bezüglich des badisch-französischen Rheins erst in den Jahren 1836 und 1837 erzielt werden, worauf endlich, veranlaßt durch die vom Jahr 1839 bis 1840 stattgefundenen Schlußverhandlungen über den zwischen Baden und Frankreich abzuschließenden Grenzvertrag, im Jahr 1840 eine förmliche Uebereinkunft der beiden Uferstaaten über gemeinsame Regulirung des Rheins längs der badisch-französischen Grenze zu Stande kam, welche Vereinbarung als der eigentliche Grundstein dieses großen Bauwerkes zu betrachten ist.

Wegen Fortsetzung der Rheincorrection längs der bayerischen Grenze wurde schon im Jahr 1825 eine zweite Uebereinkunft zwischen Baden und Bayern über die Ausführung weiterer Rheindurchschnitte abgeschlossen, welcher später mehrere Vereinbarungen zu ähnlichem Zwecke nachfolgten.

Hauptmann ernannt. Im Jahr 1804 erhielt er als Oberingenieur die Leitung über den Rheinbau und Binnenflußbau, und 1809 zum Major befördert, wurde Tulla im Jahr 1813 an die Spitze des Wasser- und Straßenbaues gestellt. Dessen Ernennung zum Oberst erfolgte im Jahr 1823. — Leider wurde er schon im Jahre 1828 seiner segensreichen Wirksamkeit durch den Tod entrissen.

**) Diese Schrift erschien unter dem Titel: „Die Rectification des Rheins von seinem Austritt aus der Schweiz bis zu seinem Eintritt in das Großherzogthum Hessen" — gedruckt in der Müller'schen Hofbuchdruckerei zu Carlsruhe im Jahr 1825.

Ueber den Fortgang, die Erfolge, den Aufwand und den neuesten Stand der Rheincorrection soll nun hiermit, und zwar getrennt nach dem badisch-französischen und badisch-bayerischen Rhein, eine kurze Nachweisung [12]), belegt mit Karten [13]), gegeben werden.

Eine eingehende Darstellung und Beurtheilung der Correction vom Standpunkt der Technik liegt außerhalb des Zweckes dieser Denkschrift.

---

[12]) Schon im Jahr 1855 wurde eine kurze Denkschrift über den Rhein und dessen technische Behandlung von Basel bis Lauterburg von der Oberdirection des Wasser- und Straßenbaues bearbeitet und von Großherzoglicher Regierung an die Mitglieder beider Kammern vertheilt.

[13]) In den Karten sind die Flußläufe (Thalwege) eingezeichnet, wie solche vor Beginn der Correction (1817 resp. 1838) und im Jahr 1861 bestanden.

I.

Rheincorrection längs der badisch-französischen Grenze.

Wie schon aus den in der Einleitung enthaltenen Andeutungen hervorgeht, war die Rectification dieser Abtheilung des Rheins weit schwieriger und kostspieliger auszuführen, als jene längs der bayerischen Grenze, weil der in viele Arme getheilte Fluß allmählig in einen, der Wassermenge entsprechenden Canal einzubetten war.

Daß es sich hier um einen vieljährigen und schweren Kampf der Technik mit einem gewaltigen Strome handelte, ist schon daraus abzuleiten, daß der Rhein bei mittlerem Wasserstand ca. 50,000 Cubik-fuß, bei höchstem Stande aber 250,000 Cubikfuß Wasser in einer Zeitstunde abführt, daß das Gefälle von Hüningen abwärts 1 auf 1000, in der Gegend von Kehl 1 auf 1600, und gegen die bayerische Grenze hin 1 auf 2500 Fuß beträgt und die Geschwindigkeit beim höchsten Wasser sich unterhalb Hüningen auf 12 Fuß, bei Kehl auf 10 Fuß und weiter abwärts auf 8 Fuß in der Sekunde beläuft. *Wassermasse. Gefälle.*

Da mit künstlichen Durchschnitten hier nur in seltenen Fällen Erhebliches erzielt werden konnte, suchte man andere Mittel, und es führte eine vieljährige, sorgsame Beobachtung des Flusses endlich zu der Ueberzeugung, daß die Wasserkraft des Flusses selbst mit Benützung günstiger Momente zur Bildung des künftigen Flußlaufes verwendet werden müsse, und daß gleichzeitig mit Hilfe des Stromes die allmählige Verlandung der außer der Correctionslinie liegenden Flußarme (sog. Altrheine) zu bewirken sei.

Um dies zu erzielen, war aber ein planmäßiges Zusammenwirken beider Uferstaaten durchaus erforderlich, und dieses unabweisliche Bedürfniß führte denn auch nach Beseitigung vieler Hindernisse zu der bereits erwähnten Uebereinkunft vom 5. April 1840, welche in Artikel 19 folgende Bestimmungen enthält: *Uebereinkunft von 1840.*

„Die beiden Regierungen kommen überein, künftig die Bauten an jedem Ufer des Rheins nur „zum Zwecke der Vertheidigung und auf eine Weise ausführen zu lassen, um nach und nach eine „Regulirung seines Laufes zu Stande zu bringen.

„Zu dem Behufe werden die mit diesen Arbeiten beauftragten Ingenieure beider Staaten eine „gemischte Commission bilden, die im Monat Oktober abwechselnd in Straßburg und Carlsruhe „zusammentreten wird.

„Der Vorstand der Commission wird von der Regierung des Landes ernannt, wo dieselbe „ihren Sitz nimmt.

„Die von der Commission verabredeten Bestimmungen erhalten erst nach Genehmigung der „beiderseitigen Regierungen verbindliche Kraft.

„Bei dem ersten Zusammentritt wird die Commission ein allgemeines Project der Bahnlinie „für die Stromregulirung entwerfen, welches den im Laufe des Jahres auszuführenden Bauten

— 8 —

„zur Grundlage zu dienen hat, und in den darauf folgenden Jahren wird die Commission an diesem
„Projecte die Verbesserungen vornehmen, welche durch die im Laufe des Stromes eingetretenen
„Veränderungen nothwendig geworden, oder durch die Ergebnisse der Erfahrung angedeutet wor-
„den sind.

„Keiner der beiden Staaten wird außerhalb der verabredeten Bahnlinie Arbeiten vornehmen
„lassen, mit Ausnahme des Falles, wenn außerordentliche Umstände die schleunige Ausführung
„unvorhergesehener Bauwerke nothwendig machen sollten.

„Bei den jährlichen Zusammenkünften werden die Ingenieure sich wechselseitig das Verzeichniß
„der Arbeiten mittheilen, welche sie im Laufe des Jahres auszuführen beabsichtigen.

„Die Ingenieure beider Uferstaaten werden sich gegenseitig Kenntniß geben von den Aende-
„rungen, welche von ihren Regierungen beliebt worden sind.

„Wenn außerordentliche Umstände die schleunige Ausführung unvorhergesehener Bauten noth-
„wendig machen sollten, wird der Ingenieur des angegriffenen Ufers unverzüglich dem Ingenieur
„des jenseitigen Ufers davon Nachricht, unter Angabe der Gründe, mittheilen.

„In diesem Falle wird die Commission bei ihrem nächsten Zusammentritt in Erwägung ziehen,
„ob die früher verabredeten Bahnlinien abzuändern, und daher die Nothbauten durch bleibende
„Bauwerke zu ersetzen seien."

Diesen Bestimmungen zufolge wurde noch in demselben Jahre von den beiderseitigen Oberingenieuren (dem badischen Oberbaurath Sauerbeck und dem französischen Oberingenieur Couturat) ein allgemeines Correctionsproject für den Rheinlauf entworfen und vereinbart, welches die Genehmigung der beiden Staatsregierungen erhalten hat, und seither im Wesentlichen als Grundlage für die Ausführung aller Neubauten dient.

Ein Blick auf die anliegenden Karten, welche den Thalweg des Rheins in den Jahren 1838 und 1861 bildlich darstellen, zeigt klar, welche bedeutende Erfolge bis jetzt erzielt worden sind.

Abkürzung des Thalweges.

Die Länge des Stromlaufs (Thalweges) betrug im Jahr 1838 noch. . . . 72550 Ruthen

oder . . . . 48,97 Stunden [16])

Die Länge des regulirten Laufes nach der planmäßig vereinbarten Strombahn

wird . . . . 60894 Ruthen

oder . . . . 41,103 Stunden

betragen, mithin soll durch die Correction eine Abkürzung des Stromes um . . 11656 Ruthen

oder . . . . 7,867 Stunden

eintreten.

Nach den Karten betrug die Länge des Thalwegs im Jahr 1861 nur noch . 61691 Ruthen

oder . . . . 41,64 Stunden,

daher der Strom seit Beginn der Regulirung um . . . . 10859 Ruthen

oder . . . . 7,33 Stunden

kürzer geworden ist, und also nur noch eine Verkürzung von . . . . 797 Ruthen

---

[16]) Wenn die hier mitgetheilten Zahlen von jenen in der Denkschrift von 1855 enthaltenen zuweilen etwas abweichen, so erklärt sich dies daraus, daß letztere nur abgerundete Summen ausdrücken, während in dieser Nachweisung die Zahlen aus detaillirten Darstellungen gebildet sind.

oder . . . . 0,537 Stunden
einzutreten hat, bis sich der Thalweg vollständig in dem normalen Flußbett befindet. ¹³)

Der Zeitpunkt, bis zu welchem dieß erreicht werden kann, läßt sich mit einiger Sicherheit nicht voraus bestimmen, da hier Verhältnisse hindernd oder förderlich einwirken, auf welche man keinen Einfluß üben kann.

<small>Zeit der Vollendung.</small>

Oberst Tulla hatte in seiner Denkschrift vom Jahr 1825 einen Zeitraum von mindestens 20 Jahren (von Beginn der Correction gerechnet) für die vollständige Einleitung des Stromes in das Normalbett als nothwendig bezeichnet und der während der letzten 27 Jahre mit der oberen Leitung des Rheinbaues betraute Oberbaurath Sauerbeck, ¹⁴) dessen umsichtigen und energischen Anordnungen das weit vorangeschrittene Werk vorzugsweise zu danken ist, glaubte im Jahr 1854 den Endpunkt noch in das Jahr 1862 verlegen zu dürfen.

Beide Unterstellungen sind leider nicht ganz zugetroffen, da immerhin, selbst unter den günstigsten Verhältnissen, noch wenigstens 3—4 Jahre erforderlich sein werden, um das vorgesteckte Ziel zu erreichen.

Wie schwierig, ja unmöglich es übrigens ist, das Ende dieser Arbeit auch nur mit einiger Wahrscheinlichkeit voraus zu bestimmen, wird einleuchtend, wenn man in Rücksicht nimmt, daß der Fortgang des Unternehmens vorzugsweise von der eigenen Thätigkeit und den Wasserständen des Flusses abhängig ist.

Sehr hohe Wasserstände können, wenn sie zu ungewöhnlicher Zeit, also während der Ausführung der Bauten eintreten, den Fortgang der Arbeiten sehr erschweren, oder für längere Zeit hindern, ja selbst das Unvollendete und darum noch nicht Gesicherte leicht wieder zerstören.

Durch einen Einbruch des Normalufers auf badischer oder französischer Seite kann die Ablenkung des Stromes in einen noch unveränderten Rheinarm veranlaßt und in Folge davon das Strombett durch Geschiebe verschüttet werden, deren Wiederbeseitigung unter Umständen längere oder kürzere Zeit in Anspruch nimmt.

Auch lange andauernde, sehr niedere Wasserstände sind dem Fortgang der Correctionsarbeiten nicht förderlich, weil in vielen Fällen nur große Wassermassen den Durchbruch des in dem Normalbett liegenden Inselgeländes, oder das Abführen angehäufter Geschiebsmassen zu bewirken im Stande sind.

Vermag nun auch eine umsichtige und sorgsame Bauleitung Vieles zur Abwehr solcher Mißstände vorzukehren, so ist sie doch außer Stande, auf alle hier einwirkenden Verhältnisse einen Einfluß zu üben; sie muß vielmehr sich darauf beschränken, ungünstige Zustände möglichst unschädlich zu machen, die günstigen Verhältnisse aber rasch zur Förderung des Bauwerkes zu benützen.

Ueberdieß hängt der mehr oder weniger rasche Fortgang des Bauunternehmens wesentlich von der Größe der verfügbaren Geldmittel, und insbesondere auch davon ab, in welcher Zeit und in welcher Weise die vereinbarten Bauten auf französischer Seite ausgeführt werden, weil die beiderseitigen Ufer- und Dammbauten zu einander in der innigsten Beziehung stehen.

---

¹³) Die seit 1852 eingetretene Abkürzung des Thalwegs ist aus Beilage II. zu ersehen.
¹⁴) Johann Sauerbeck, geb. zu Carlsruhe am 13. Juni 1798, wurde 1822 zum Ingenieur, 1823 zum Wasser- und Straßenbau-Inspektor, 1835 zum Baurath und Mitglied der Oberdirection des Wasser- und Straßenbaues, 1838 zum Oberbaurath ernannt.

Am 26. August 1861 endete ein plötzlicher Tod sein eifriges und erfolgreiches Wirken.

Ist aber auch der Fluß vollständig in dem normalen Rinnsaale eingebettet, so ist damit das Correctionswerk noch keineswegs beendigt, sondern es muß auch das normale Ufer beiderseits durchgehends solide, d. h. mit Steinen, eingebaut sein.

Einbau der Normalufer. Von dem Normalufer des badischen Gebiets, welches eine

Länge von	60894	Ruthen	= 41,10	Stunden
besitzt, sind bis jetzt bei Zusammenrechnung der einzelnen getrennten Uferbauten nach Beilage III. Im Ganzen	44339	„	= 29,93	„
ausgebaut, und fehlt daher der Einbau der Ufer auf	16555	„	= 11,17	„
noch gänzlich.				
Von den eingebauten	44339	„	= 29,93	„
sind jedoch erst	25134	„	= 16,97	„
mehr oder weniger vollständig mit Steinen gedeckt, die weiteren	19205	„	= 12,96	„

haben noch keine genügende Deckung.

Zur Erklärung dieser Verhältnisse muß bemerkt werden, daß die neuen Uferbauten in der Regel unter Benützung der jeweils günstigen Stromverhältnisse nur an Stellen zur Ausführung kommen, wo die Wassertiefe gerade nicht bedeutend ist, oder wo selbst bei niederem Rheinstand (im Winter) die normalmäßige Uferlinie auf trockene Kiesbänke fällt. Sind solche Bauten nun bis auf die nöthige Höhe hergestellt, so daß sie auch bei höheren Wasserständen zugänglich bleiben, so tritt durch die normale Ausbildung des Stromes bald rascher, bald langsamer eine Vertiefung der Sohle desselben vor den Bauten ein, daher alsdann die letzteren nach Maßgabe der vor ihnen entstehenden Vertiefungen nach unten zu ergänzen sind, was in der Weise geschieht, daß vor dieselben in einer entsprechenden Böschung Senkstücke gelegt werden, die so schwer sind, daß sie das Wasser nicht mit sich fortführt. Diese Maßregel muß so lange fortgesetzt werden, als überhaupt eine Vertiefung der Sohle vor den Bauten erfolgt.

Für den Anfang und so lange die normale Tiefe noch nicht eingetreten ist, werden die Senkstücke (Senkwürste) der Kostenersparniß wegen gewöhnlich aus einem Wacken- oder Kieskörper gebildet, der mit Faschinenholz umhüllt und durch Bänder vor dem Auseinanderfallen geschützt ist.

Da jedoch das Faschinenholz sehr bald, theils durch Fäulniß, theils durch die Wirkung der davor im Strom rollenden Geschiebe zerstört und vom Wasser fortgeführt wird, so ist es unerläßlich, die Deckung rechtzeitig mit einem solideren Material, nämlich mit Bruchsteinen zu ergänzen, welches dem Wasser genügenden Widerstand zu leisten im Stande ist.

Es versteht sich danach von selbst, daß die Deckung der Bauten stets in gutem Stande erhalten und somit bei eintretender weiterer Vertiefung der Stromsohle jeweils alsogleich wieder nachgeholt werden muß, da sonst ein Einbrechen des bloßgelegten Uferbaues in den Strom unausbleiblich wäre.

Uebrigens lehrt die Erfahrung, daß außerordentliche Vertiefungen vor den Uferbauten nur in den noch unvollendeten Stromstrecken und als Folge der Wirkung des noch unregelmäßigen Stromes eintreten. In bereits ausgebauten Strecken bildet sich bald eine normale, ziemlich constante Wassertiefe aus, und die Erhaltung der Deckungen erfordert dann vor den Bauten keinen beträchtlichen Aufwand mehr.

Bei diesem Bausystem ist also nothwendig, daß, da die Ausführung der neuen Uferbauten gewöhnlich an Stellen von kleiner Wassertiefe bewirkt wird, jeweils der günstige Zeitpunkt hiefür erwartet, daß aber ein solcher auch sogleich bei seinem Eintreten benützt wird. Es ist nämlich einleuchtend, daß, wenn die Bauten in bedeutender Wassertiefe ausgeführt werden wollten, der Aufwand für ihre Herstellung so be-

— 11 —

trächtlich erhöht würde, daß der Mehraufwand durch die Ersparnisse an den späteren Ergänzungs-
arbeiten mittelst Deckung, welche ohnehin nicht ganz umgangen werden könnten, weitaus nicht ausgeglichen würde.

Zur Herstellung von neuen Uferbauten in beträchtlicher Wassertiefe wird nur ausnahmsweise in
seltenen Fällen, wo besondere örtliche Verhältnisse dazu vorliegen, geschritten.

Ein Hinderniß der z u s a m m e n h ä n g e n d e n Ausführung der Uferbauten liegt in dem Umstande,
daß dort, wo eine allmählige Verlandung der hinter der Uferlinie liegenden Rheinarme (Altwasser) durch
Ablagerung der von dem Flusse abgeführt werdenden Geschiebe zu erzielen ist, größere Lücken von 200
bis 250 Fuß Breite in den Bauten bleiben müssen, durch welche bei höheren Wasserständen die Geschieb-
massen eingeführt werden können. Solche Lücken sind, soweit sie nicht zur Ableitung der Binnenwasser
bleibend nöthig werden, erst zu schließen, wenn die Verlandung bis zu einem gewissen Grade erfolgt ist.

Abgesehen davon, daß der neugebildete Rheinkanal nur dann als gesichert erscheint, wenn die Rheinarme wenigstens zum größten Theile verlandet sind, liegt auch in diesen Verlandungen selbst eine der nütz-
lichsten Folgen der Rhein-Correction, indem dadurch für die Landwirthschaft außerordentlich große und
werthvolle Flächen gewonnen werden.

Nach einer approximativen Zusammenstellung betragen nämlich die Flächen der alten Rinnsale und Altes Flußbett.
des alten Betts des Hauptstromes, soweit dasselbe nicht in die Correctionslinie fällt, auf badischem Gebiete
22800 Morgen.

Da nun anzunehmen ist, daß wegen Abzug der Binnenwasser etwa 700 Morgen der Wasserfläche
nicht zur Verlandung kommen werden, so berechnet sich immerhin noch der bedeutende Geländezuwachs
auf 22100 Morgen.

Von diesen Verlandungen nimmt der Staat in Folge des Gesetzes vom 23. Mai 1856 nur einen sehr Verlandungen.
kleinen Theil, nämlich 4560 Morgen zur Bildung des 300 Fuß breiten Rheinvorlandes in Anspruch,
alles Uebrige im Betrag von ca. 17540 Morgen, wovon 14000 Morgen diesseits und p.p. 3340 Morgen
jenseits der Hoheitsgrenze fallen, bildet einen Zuwachs zu den angrenzenden Gemarkungen und wird, mit
kaum nennenswerther Ausnahme, Eigenthum der Gemeinden.

Diese Verlandungen sind bereits weit vorangeschritten; sie betragen seit 1838 ca. 6735 Morgen, wovon 2410 Morgen schon der Cultur übergeben sind und einen reichlichen Ertrag liefern. Der in dem
Zeitraum von 1851 bis 1861 erfolgte Zugang von nutzbarem Gelände ist in den Beilagen IV. und V.
dargestellt.

Nimmt man den Werth eines Morgens solcher Verlandungen nur zu 200 fl. an, so ergibt sich schon
hieraus ein nutzbares Capital von 4,420,000 fl. Da aber bekanntlich die durch Verlandung gewonnenen
Grundstücke ganz besonders ertragsfähig sind, darf man den Werth weit höher in Anschlag bringen.

Es erklärt sich hieraus die bekannte Thatsache, daß viele Rheinorte ihren dermaligen Wohlstand hauptsächlich den durch die Rheincorrection bewirkten Verlandungen zu danken haben.

Aber nicht allein durch diese Verlandung, sondern hauptsächlich durch die mit der Rheincorrection er-
zielte Senkung des Rheinwasserspiegels (welche seit der letzten 20 Jahre bis zu 6 Fuß beträgt) und durch Senkung des
den beschleunigten Abfluß des Rheins, welche eine fast gleichmäßige Abnahme des Horizontalwassers und Wasserspieg.ls.
das Versiegen nachtheiliger Quellen des Ueberschwemmungsgebiets veranlaßten, ist für die Landwirthschaft ein außerordentlicher Gewinn erzielt worden.

Ganze Gemarkungen, welche früher versumpft waren und größtentheils nur als Faschinenwald oder

2 *

— 12 —

zu Streuwuchs und zur Waide benützt werden konnten, sind jetzt schon in einem Maaße entwässert, daß die Felder für jede Cultur verwendbar sind.

Wie rasch die Kultur voranschreitet, ist daraus zu entnehmen, daß allein zwischen den Grenzen des Vorlandes und den bestehenden Schutzdämmen in den letzten 10 Jahren 829 Morgen Wald in Feld und Wiese verwandelt wurden.

Correction der Binnenflüsse. Die durch die Rheincorrection bewirkte Senkung des Wasserspiegels hat aber auch die Möglichkeit der Rectification der in den Rhein ausmündenden Binnenflüsse geschaffen, welches nützliche Unternehmen bereits an den größeren Flüssen, nämlich an der Kinzig, der Murg, der Elz und Dreisam, der Rench nahezu vollendet und auch an vielen kleineren Flüssen und Bächen theilweise ausgeführt ist.

Alle hiedurch erwachsenen unberechenbaren Vortheile sind demnach in ihrem Ursprung ebenfalls der Rheincorrection gut zu schreiben.

Je werthvoller aber das Gelände in den Rheinniederungen wird, um so dringender ist der Schutz gegen besten Ueberschwemmung, daher der Zeitpunkt immer näher heranrückt, in welchem die Ausführung *Dämme.* von Dämmen an der Grenze des 300 Fuß breiten Rheinvorlandes geboten ist.

Von den zur Zeit bestehenden Rheindämmen befindet sich nämlich noch eine Anzahl in größerer Ferne von dem Rheinvorland, da die Stromverhältnisse ein Versetzen derselben bisher nicht gestatteten. Diese Dammversetzungen werden, wenn auch erst nach einer längeren Reihe von Jahren, doch allmählig, so wie die Verhältnisse es erlauben, auszuführen sein, und ihre Vollendung wird sodann den Schluß des ganzen Correctionswerkes bilden.

Aufwand. Betrachtet man nun den Aufwand, den die Rheinbauten längs der französischen Grenze bisher in Anspruch genommen haben, so ergibt sich allerdings eine sehr beträchtliche Summe. Die gesammten Verwendungen der Staatskasse für den Rheinbau längs der französischen Grenze betragen nämlich — wie aus Beilage VI. zu ersehen — vom Jahr 1838 bis 1861 einschließlich der Dammbaukosten 8,229,577 fl. *Flußbau-beiträge.* Von dieser Summe sind nach Beilage VII. 799,004 fl. 8 kr. oder 9,6 Procent als Fluß- und Dammbanbeiträge von den Gemeinden in die Staatskasse einbezahlt worden. [17])

Diese, im Verhältniß zu dem Gesammtaufwand und zu dem erzielten Nutzen, kleine Beitragsleistung der Gemeinden verliert aber noch von ihrer Bedeutung, wenn man berücksichtigt, daß in der Zeit vom *Aufwand für Faschinenholz.* Jahr 1838 bis 1861 1,150,639 fl. für Faschinenholz aus der Flußbaukasse bezahlt wurden, welche zum größten Theil in die Kasse der Rheinbau-Beitragspflichtigen geflossen sind.

Bringt man die Einnahme aus Fluß- und Dammbau-Beiträgen an dem Aufwand für den Rheinbau in Abzug, so beträgt die Leistung der Staatskasse für den Rheinbau längs der französischen Grenze in der erwähnten Periode noch 7,430,575 fl. [18])

---

[17]) Durch die landesherrliche Verordnung vom 24. Mai 1816 wurde bestimmt, daß von dem Gesammtsteuerkapital derjenigen Orte, deren Gemarkung an den Rhein grenzt, oder im Ueberschwemmungsgebiet desselben liegt, 2 Kreuzer vom 100 fl. Flußbausteuer zu bezahlen sei, und daß diejenigen Orte, zu deren Schutz gegen Ueberschwemmung Dämme gebaut oder alle hergestellt werden, die Hälfte der Kosten des erforderlichen Geländes und des Baues zu bezahlen haben.

Durch Verordnung vom 1. April 1829 (Regierungsblatt Seite 37) wurde das Flußbaugeld der Rheinorte auf 4 Kreuzer vom Hundert Steuerkapital erhöht.

[18]) Nach einer Mittheilung der französischen Rheinbaubehörde sind vom Jahr 1841 bis 1862 einschließlich der Dammbaukosten 9,187,713 fl. 34 kr. für den Rheinbau auf französischer Seite aufgewendet worden.

— 13 —

Aus dem Umstande, daß von den verausgabten Summen 6,732,307 fl. dem ordentlichen, und 1,497,270 fl. dem außerordentlichen Etat angehören, darf man übrigens den Schluß nicht ziehen, daß nur die außerordentlichen Ausgaben für Correctionsarbeiten, neue Dämme ꝛc., die ordentlichen Ausgaben aber allein für die laufende Bauunterhaltung aufgewendet worden seien. *Ordentlicher und außerordentlicher Aufwand.*

Bei dem innigen Zusammenhange, in welchem die Unterhaltungsarbeiten mit den Neubauten stehen, und in welchem sie auch in sehr vielen Fällen zur Ausführung kommen müssen, läßt sich die Ausgabe für Unterhaltung nicht wohl von den eigentlichen Correctionsarbeiten trennen.

Eine solche Ausscheidung wäre nicht allein sehr mühsam zu bewirken, sondern sie würde auch bei größter Sorgfalt immer ein ungenaues Ergebniß liefern. So lange das normale Flußbett den Thalweg des Stromes nicht vollständig aufgenommen hat, kann man den Aufwand des ordentlichen und außerordentlichen Etats daher nicht getrennt beurtheilen.

Die seit 1843 fortan bewilligten außerordentlichen Dotationen für den Rheinbau längs der französischen Grenze sind lediglich als ein wechselnder Zuschuß zu der gewöhnlichen Bewilligung anzusehen, welcher sich aus den, bei Aufstellung der Budgete sich darstellenden Bedürfnissen für Unterhaltung und Neubau im Ganzen als absolut nöthig erweist.

Mit einiger Genauigkeit läßt sich übrigens das Bedürfniß, selbst auf eine Zeit von 2 Jahren, voraus nicht berechnen, weil die Zustände des Rheins sich fortan ändern; gewiß ist aber, daß die bewilligten Mittel bisher nie zureichend waren, um alle durch die Wasserstände begünstigten Bauten auszuführen, sondern daß man stets die Neubauten auf das bringendste Bedürfniß beschränken mußte. Daher kam es auch nicht selten, daß selbst Bauausführungen unterbleiben mußten, von denen man mit Gewißheit sagen konnte, daß durch ihre spätere Herstellung ein bedeutend höherer Aufwand erwachsen werde. Es unterliegt daher keinem Zweifel, daß es dem Interesse der Bauöconomie sehr förderlich wäre, wenn zur Beschleunigung der Correctionsarbeiten größere Summen als seither bewilligt wurden, disponibel gemacht werden könnten. Ist dies aber im Hinblick auf die Befriedigung anderer Staatsbedürfnisse nicht möglich, so wird man wenigstens die in der Neuzeit bewilligten Mittel ungeschmälert noch so lange flüssig machen müssen, bis der Rhein vollständig in das neue Bett eingeleitet ist.

Eine Ermäßigung des Aufwandes steht erst von diesem Zeitpunkt an in Aussicht. In welchem Betrage sich dieselbe ergeben, und in welcher Zeit es möglich sein wird, die Ausgaben lediglich auf den Unterhaltungsaufwand zu beschränken, läßt sich nicht wohl vorausberechnen, weil der Fortgang der Arbeiten selbst von vielen Zufälligkeiten abhängig ist, und man über die künftige Bildung der Preise und Löhne mit einiger Sicherheit Nichts vorauszusagen vermag.

Immerhin ist aber darauf zu rechnen, daß das Rheinvorland allmälig den nöthigen Bedarf an Faschinenmaterial decken wird, und daher der seitherige Aufwand hiefür, welcher im Durchschnitt jährlich ca. 48,000 fl. betrug, später hinwegfällt; daß ferner durch die in Folge der Rheinverlandungen erleichterte Communication zwischen dem Rhein und dem Gebirge die Kosten des Steintransportes sich fortan vermindern, und daß endlich eine Zerstörung der Uferbauten, wenn sie mit Steinen gedeckt sind, immer seltener werden wird. *Kostenverminderung.*

Auch die in Folge des Gesetzes vom 23. Mai 1856 seither für Erwerbung der Vorlandsflächen aufgewendeten Ausgaben werden in wenigen Jahren erschöpft sein, weil von den gegen Entschädigung zu acquirirenden Flächen im Betrag von ca. . . . . 4500 Morgen
bereits . . . . 3800 „

mit einem Aufwande von	35669 fl.
angekauft sind, mithin nur noch ca.	700 Morgen
mit einem approximativen Aufwande von ca.	69000 fl.
zu erwerben bleiben.	

II.
Rheincorrection längs der badisch-bayerischen Grenze.

Flußgebiet. Das Gebiet, welches der Rhein von der französischen Grenze bei Neuburg bis zur hessischen Grenze unterhalb Frankenthal durchzieht, hat eine Erstreckung von ca. 18 Stunden; die Länge des Thalwegs aber betrug vor Beginn der Correction wegen der vielen und bedeutenden Flußkrümmungen 31,15 Stunden.

Gefäll. Das Gefäll des Flusses besteht zwischen Neuburg und der hessischen Grenze durchschnittlich nur in 1 auf 5000 und 1 auf 10000 Fuß, und die Geschwindigkeit beträgt im Mittel nur 5 Fuß in der Zeitsekunde.

Der vielgekrümmte und dadurch sehr verlängerte Lauf des Stromes mußte, abgesehen davon, daß durch das außerordentlich lange Flußbett Tausende von Morgen Landes der Cultur entzogen wurden, den Bewohnern der beiderseitigen Ufer große Nachtheile bringen.

Die Krümmungen hemmten natürlich den Lauf des Wassers und bewirkten dadurch Quellgründe, Versumpfungen und bei höheren Wasserständen oder Eisgängen gefährliche Aufstauungen und Verstopfungen, wodurch häufig Dammbrüche und Ueberschwemmungen veranlaßt wurden.

Weil nun aber dem geschlossenen Bette des Rheins hier weit mehr, als dem fortan wechselnden Oberrhein die Cultur sich zu nähern vermochte, waren auch mit den Ueberschwemmungen um so größere Nachtheile verbunden, da das Rheinthal hier nach dem Hochgestade hin, nur um Weniges ansteigt, und darum den Ueberfluthungen ein großes Gebiet eröffnet war.

Die Nothwendigkeit einer Flußcorrection machte sich deßhalb an dem badisch-bayerischen Rhein zunächst fühlbar, und es mußte sich ein solches Unternehmen auch schon aus dem Grunde besonders zur Ausführung empfehlen, weil es sich hier zunächst nur darum handelte, die einzelnen Flußkrümmungen allmälig durch Ausführung künstlicher Durchschnitte zu beseitigen.

Daß eine solche Correction nur von dem besten Erfolge begleitet werden konnte, war nicht zu bezweifeln, da man ja schon in früherer Zeit zur Abwendung des Durchbruchs und der Ueberfluthung der Dämme Durchschnitte mit Nutzen ausgeführt hatte.[1])

Wie schon im Eingange erwähnt, wurde daher auf Grund eines von Oberst Tulla entworfenen Correctionsplanes unterm 24. April 1817 zwischen Baden und Bayern eine Uebereinkunft abgeschlossen,

---

[1]) Schon im Jahr 1396 wurden zum Schutz der Stadt Germersheim, in der Gemarkung Liedolsheim und im Jahr 1652 zum Schutz des Ortes Daxlanden in dieser Gemarkung, Durchschnitte ausgeführt.
Im Jahr 1762 erfolgte die Ausführung des Drittenheimer Durchschnitts zur Rettung der Orte Härdl und Sondenheim, im Jahr 1790, jene des Lauterburger Durchschnitts, und 1808 sicherte man den Ort Steffern in ähnlicher Weise.

welche durch Ausführung von 6 Durchschnitten eine Verkürzung des Stromlaufes um 2⅓ Stunden bezweckte.

Diese Uebereinkunft, welche badischer Seits unterm 7. Mai 1817 genehmigt wurde, ist in der Beilage Nr. VIII enthalten. *Uebereinkunft von 1817.*

Es übernahmen darnach:

Bayern

die beiden Durchschnitte in Daxlander und Knielinger Gemarkung.

Baden

die Durchstiche in Neuburger, Pforzer, Wörther und Neupfotzer Gemarkung.

Jede Regierung übernahm die Kosten der von ihr auszuführenden Durchschnitte; die Grundentschädigung für das neu zu bildende Flußbett war dagegen von demjenigen Staate zu leisten, unter dessen Landeshoheit damals die erforderlichen Grundstücke lagen.

Dabei wurde ferner bestimmt, daß der Thalweg des neu zu bildenden Flußbettes die künftige Grenze der beiden Staaten bilden soll.

Durch einen Zusatzartikel vom 8. Juli 1818 (Beilage Nr. IX), genehmigt von badischer Seite unterm 14. Oktober 1819, wurde ferner vereinbart, daß die sich durch die Rectification bildenden Altwasser von dem Zeitpunkte an, wo die Durchschnitte den Thalweg aufgenommen haben, und also für die Schifffahrt zu Berg und Thal benützbar sind, als Eigenthum demjenigen Staate zufallen, unter dessen Landeshoheit sie liegen. *Uebereinkunft von 1818.*

Eine weitere Uebereinkunft vom 16. Juni 1819 (Beilage Nr. X), genehmigt unterm 27. Januar 1820 bestimmte weiter: *Uebereinkunft von 1819.*

1) daß die von Neuburg bis Dettenheim angelegt werdenden neuen Dämme parallel mit den Ufern des rectificirten Laufes in einer Entfernung von 50 badischen Ruthen beiderseits angelegt werden sollen, und

2) daß die alten Dämme, welche den Rheinufern des rectificirten Laufes oder des beibehaltenen alten Laufes, näher als 50 Ruthen liegen, innerhalb 2 Jahren von dem Zeitpunkte an, in welchem die Durchfahrt für die Schifffahrt möglich ist, beziehungsweise innerhalb 2 Jahren vom Vertragsabschlusse an, von demjenigen Staate zu entfernen seien, in dessen Hoheit sich solche befinden, sofern der Fuß dieser Dämme tiefer als der höchste Wasserstand liegt.

Diese Vereinbarungen kamen alsbald zum Vollzuge und es wurden von den erwähnten Durchschnitten ausgeführt:

Der Neuburger, Pforzer, Knielinger und Neupfotzer Durchschnitt im Jahr 1817.
Der Wörther im Jahr 1818 und
Der Daxlander im Jahr 1819.

Zum Behufe der Ausführung dieser Durchschnitte wurde jeweils nur ein Graben von 60—80, Breite, je nach der Beschaffenheit des Bodens und in einer Tiefe bis zum niedersten Wasser ausgehoben, dem Flusse selbst blieb es aber überlassen, die Erweiterung und Vertiefung bis zu den zur Aufnahme des Thalwegs geeigneten Dimensionen zu bewirken.

Der Knielinger Durchschnitt war der erste, welcher den Thalweg aufnahm (1818). Darauf folgten im Jahr 1821 der Neuburger und Wörther, sodann im Jahr 1822 der Darlander, nach diesem 1824 der Pforzer und endlich im Jahr 1828 der Neupfotzer Durchschnitt.

Bei vier der abgeschnittenen Stromkrümmungen verschüttete sich bis zum Jahr 1825 das alte Flußbett in der Nähe der Einmündungen der Durchschnitte derart, daß der Wasserabfluß im alten Bett bei niederem Wasserstande ganz aufhörte. Ueberhaupt war der Erfolg ein überaus günstiger, denn schon im Jahr 1828, wo die Durchschnitte noch lange nicht auf ihre normale Breite von ca. 800 Fuß ausgebildet waren, zeigte sich bei hohem Wasserstand in den Monaten October und November zwischen Darlauden und Knielingen schon eine Senkung des Wasserspiegels von 5 Fuß.

Die günstigen Erfolge gaben, unterstützt durch die im Jahr 1825 von Tulla bearbeitete Denkschrift, Veranlassung, daß in gedachtem Jahre noch eine weitere Uebereinkunft beider Uferstaaten zu Stande kam, welche auch die Rectification des Rheinlaufes von der Ausmündung des Neupfotzer Durchschnitts bis zum Frankenthaler Canal bezweckte.

Uebereinkunft von 1825. Die wesentlichsten Bestimmungen dieser, in Beilage Nr. XI. enthaltenen Uebereinkunft waren folgende:

„Die Krone Bayern hatte die Ausführung aller in badischem Gebiet auszuhebenden Durchschnitte zu bewirken, nämlich:

1) Des Schröcker Durchschnitts.
2) " Linkenhelmer "
3) " Dettenhelmer "
4) " Rheinshelmer " Nr. I.
5) " " " Nr. II.
6) " Rheinhäuser "
7) " Angelhofer "
8) " Ketscher "
9) " Neckarauer "

Das Großherzogthum Baden dagegen übernahm die Aushebung der im bayerischen Gebiet auszuführenden Durchschnitte, nämlich:

1) Des Leimersheimer Durchschnitts.
2) " Germersheimer "
3) " Mechtesheimer "
4) " Speyerer "
5) " Otterstätter "
6) " Altripper "
7) " Friesenheimer "

Als Zeitraum für die Ausführung sämmtlicher Durchschnitte wurden 6 Jahre bestimmt.

Die Normalbreite der Durchschnitte wurde allgemein auf 800' festgesetzt.

Für die Abtretung des durch den projectirten Rheindurchschnitt bei Altripp abgeschnitten werdenden Dorfes Altripp und der hiezu gehörigen Gemarkung sollte der Krone Bayern von Baden eine angemessene Entschädigung geleistet werden, worüber jedoch besondere Verhandlungen vorbehalten blieben.

Sonst wurde im Wesentlichen dasselbe wie in den früheren Vereinbarungen festgesetzt.

Von den erwähnten 16 Durchschnitten kamen bis zum Jahr 1827 sieben zur Ausführung, nämlich:

jene bei Linkenheim, Germersheim, die beiden bei Rheinsheim und jener beim Angelhof im Jahr 1826, der Leimersheimer und Friesenheimer im Jahr 1827.

Der Linkenheimer Durchschnitt nahm den Thalweg im Jahr 1830, die beiden Rheinsheimer im Jahr 1832, der Leimersheimer im Jahr 1837, der Friesenheimer aber erst im Jahr 1861 auf.

Der Angelhofer Durchschnitt ist bis heute noch nicht zur Aufnahme des Thalwegs ausgebildet.

Von den benannten Durchschnitten haben nur jene bei Friesenheim und beim Angelhof eine künstliche Nachhilfe erfordert.

Diese beiden Durchschnitte haben nämlich bei ihrer großen Länge von 1000, beziehungsweise 1400 Ruthen nur ein geringes Gefälle, daher der Strom nicht die nöthige Kraft besaß, um den seiten Lettboden anzugreifen. Da die angewendeten Schöpfwerke kein günstiges Ergebniß lieferten, so blieb nichts übrig, als den Letten künstlich auszuheben.

Bei dem Friesenheimer Durchschnitt gelang es, die Lettschichte zu durchstechen, und da dieselbe auf Kies gelagert war, so bildete sich bald eine große Tiefe, durch welche auch der obere Theil des Durchschnitts erweitert wurde.

Bei dem Angelhofer Durchschnitt, welcher von bayerischer Seite ausgeführt wird, ist die Lettschichte mächtiger, und es gelang bis jetzt nicht, sie auf die nöthige Breite und Tiefe zu entfernen. Wenn übrigens die Ausgrabungsarbeiten in demselben Maaß, in welchem sie in den letzten Jahren betrieben wurden, fortgesetzt werden, so ist zu erwarten, daß auch dieser Durchschnitt den Thalweg in einigen Jahren aufnehmen wird.

Der Ausführung der übrigen in der Uebereinkunft vom Jahr 1825 bezeichneten Durchschnitte stellten sich mancherlei Hindernisse entgegen.

Einerseits erhoben die Uferstaaten des Niederrheins Einsprache gegen die Fortsetzung der Rectification überhaupt, weil sie sich durch die Geradeleitung des Stromes wegen beschleunigtem Abfluß des Wassers für gefährdet erachteten, und anderseits waren es Besorgnisse für die in der Nähe der projectirten Durchschnitte gelegenen Orte, und die Rücksichten auf die Kosten, welche der Ausführung weiterer Durchschnitte in den Weg traten.

Nach dem Vertrag von 1825 würde das Dorf Altripp durch den projectirten Durchschnitt auf das rechte Rheinufer, also unter badische Hoheit gekommen sein, was bei näherer Betrachtung zu manchen Anständen führte. Aber auch die von Baden zu leistende Entschädigung wäre jedenfalls sehr bedeutend gewesen.

Gegen den Durchschnitt bei Speyer wurde die Besorgniß wegen möglicher Ueberschwemmung der Stadt im Falle eines Dammbruches erhoben, und die zu leistende Güterentschädigung würde den Aufwand so sehr gesteigert haben, daß er nicht mehr in richtigem Verhältniß zum Nutzen gestanden wäre.

Aehnlich waren die Verhältnisse bei Neckarau, wo der Durchschnitt in nächster Nähe des Orts und durch die besten und werthvollsten Güter geführt werden sollte.

Der Dettenheimer Durchschnitt wurde durch eine kurze Ausbiegung des Stroms beseitigt.

Erst unterm 27. Mai 1832 kam daher zwischen Baden und Bayern die weitere in Beilage Nr. XII. enthaltene Uebereinkunft zu Stande, welche unterm 30. October desselben Jahres genehmigt wurde. *Uebereinkunft von 1832.*

Nach diesem Uebereinkommen wurde der Vertrag von 1825 für aufgehoben erklärt, und es sollen darnach in dem von Mechtersheim abwärts liegenden Flußgebiet die Correctionsarbeiten sich nur auf die Vollendung der schon ausgehobenen Durchschnitte beschränken.

Demgemäß waren nur noch auszuführen:

bayerischer Seits
der Ketscher- und Rheinhauser Durchschnitt und
badischer Seits
die Durchschnitte bei Wechtersheim und Otterstadt; wogegen von Ausführung der vier Durchschnitte bei Dettenheim, Speyer, Altrip und Neckarau Umgang genommen wurde.

Die Durchschnitte bei Ketsch, Rheinhausen, Wechtersheim und Otterstadt kamen in den Jahren 1833 bis 1842 zur Ausführung. Zu ihrer Erweiterung waren besondere Hilfsmittel nicht nöthig, und es nahmen den Thalweg auf:

Der Ketscher Durchschnitt im Jahr 1839
     „ Wechtersheimer und
         Rheinhauser   „   „   1844
     „ Otterstadter   „   „   1845.

Es waren somit bis zum Jahr 1845 von Neuburg bis zum Frankenthaler Kanal 17 Durchschnitte ausgeführt, nämlich jene bei Neuburg, Pforz, Knielingen, Neupfotz, Wörth, Daxlanden, Linkenheim, Rheinsheim (Nr. I. und II.), Angelhof, Kelmersheim, Friesenheim, Ketsch, Rheinhausen, Wechtersheim und Otterstadt.

Der Schröcker Durchschnitt, welcher in der Uebereinkunft vom Jahr 1825 genannt ist, unterblieb, weil sich der Strom nach Ausführung der Neupfotzer und Linkenheimer Durchschnitte selbst seine Bahn bildete.

Bezüglich der Rheinstrecke von Rheinhausen bis zur hessischen Grenze trat nun aber das Bedürfniß einer Verständigung über die Correction des Flußbettes durch die Herstellung normaler Ufer immer mehr hervor.

Die im Jahre 1849 zur Untersuchung des Rheins von den verschiedenen Uferstaaten bestellte technische Commission sprach sich deßhalb auch entschieden für diese, zur Einengung des Flusses auf eine normale Breite, erforderliche Correction aus, und es wurden insbesondere die Arbeiten von der Ausmündung des Rheinhauser Durchschnitts bis gegen den Angelhofer Durchschnitt, und von der Ausmündung des Ketscher Durchschnitts bis zum Friesenheimer Durchschnitt als dringend bezeichnet.

Die Beseitigung der Stromkrümmung bei Altrip wurde gleichzeitig als **besonders nothwendig** hervorgehoben, weil dieselbe für die Schifffahrt sehr gefährlich ist. Auch die Strecke von der Ausmündung des Frankenthaler Canals bis zur hessischen Grenze wurde zur Correction empfohlen.

Um diesen Bedürfnissen zu entsprechen, hat die Königlich Bayerische Regierung im Jahr 1850 einen Correctionsplan für die betreffenden Stromstrecken entwerfen lassen, auf dessen Grund von den technischen Commissären im Jahr 1851 die in Beil. Nr. XIII angeschlossene Verständigung verabredet wurde, welche jedoch die Genehmigung der beiderseitigen Regierungen nicht erhielt.

Das Correctionswerk kam hiedurch bis zum Jahr 1857 in einen Stillstand.

Uebereinkunft von 1857.   Da aber die Fortsetzung der Rectification, und zwar insbesondere der nach gemeinsamem Plan zu bewirkende Einbau sämmtlicher Rheinufer sich immer dringender darstellte, die Stromverhältnisse sich aber seit 1851 in mancher Beziehung geändert hatten, so wurde unterm 7. Mai 1857 eine neue Vereinbarung getroffen, welche in Beil. Nr. XIV angeführt ist.

Diese Uebereinkunft erhielt die Genehmigung beider Uferstaaten. Sie bestimmt die gemeinsam einzuhaltende Correctionslinie zwischen dem Rheinhäuser und Angelhofer, und zwischen dem Ketscher und dem Friesenheimer Durchschnitt, sowie zwischen dem letzteren und der hessischen Grenze, und setzt fest, daß außer den bereits hergestellten Durchschnitten nur noch jener bei dem Dorfe Altripp, und dieser zwar auf gemeinschaftliche Kosten ausgeführt werden soll. Die Ausführung dieses Durchstichs wird dadurch wesentlich erleichtert, daß derselbe statt, wie früher projettirt, auf der westlichen, nun auf der östlichen Seite des Dorfes hergestellt werden soll, wodurch Altripp unter königlich bayerischer Hoheit verbleibt. Die Zeit zur Vornahme dieses Durchschnitts wurde einer weiteren Vereinbarung der beiderseitigen Regierungen überlassen.

Wenn nun auch hiemit die beabsichtigte Correction des Rheines längs der badisch-bayerischen Grenze nicht in ihrer vollen Ausdehnung zu Stande gebracht wird, so muß doch anerkannt werden, daß insbesondere auch die letzte Vereinbarung bezüglich der Stromregulirung sehr wohlthätige Folgen äußern wird, indem durch eine allmählige normale Einschränkung des Bettes, soweit dasselbe nicht aus Durchschnitten besteht, die der Schifffahrt hinderlichen Geschiebsablagerungen entfernt, die Flußsohle vertieft, und die weiter mögliche Senkung des Wasserspiegels herbeigeführt wird, wodurch nicht allein der Abzug der Binnenwasser möglich ist, sondern auch die noch drohenden Nachtheile der Hochwasserstände sich vermindern werden.

Was nun den noch herzustellenden 18. und letzten Durchschnitt bei Altripp betrifft, so wurde solcher bis jetzt nicht ausgeführt. Da jedoch die Rheinschifffahrts-Centralcommission sich im Jahr 1861 für möglichst baldige Beseitigung dieses Hindernisses auf das Entschiedenste ausgesprochen hat, und die Schifffahrt in der That an dieser Stelle nicht nur gehindert, sondern gefährdet ist, liegt es in der Absicht, für die Ausführung dieses Durchschnittes die nöthigen Mittel in dem außerordentlichen Budget für die Periode 1864—65 in Anspruch zu nehmen.

Durch die Ausführung der sämmtlichen genannten 18 Durchstiche wird eine Verkürzung des Stromlaufes um 12,2 Stunden bewirkt.

Bis zum Jahr 1861 war nach Beil. Nr. XV bereits eine Verkürzung von 11,05 Stunden eingetreten. *Verkürzung des Thalwegs.*

Die Gesammtlänge der ausgeführten Durchnitte beträgt 103880 Fuß oder 6,9 Stunden, wovon bereits 68600 Fuß oder 3,9 Stunden durch Uferbauten geschützt sind.

Die noch fehlenden Deckungen der Normalufer können nur nach Maaßgabe des Abbruchs, welcher durch den Strom selbst bewirkt wird, mithin erst dann erfolgen, wenn ein Durchschnitt die Normaluferlinie erreicht. Ist dieser Zeitpunkt aber eingetreten, so darf mit der Deckung auch nicht gezögert werden, weil sonst der Abbruch sich über die Normallinie hinaus erstrecken, und die Deckung selbst schwieriger und kostspieliger würde.

Man kann daher die Zeit, binnen welcher alle Durchschnitte durch Uferbauten gegen weitere Stromangriffe gedeckt sein werden, nicht zum Voraus bestimmen.

Nach Beil. Nr. XVI. ist zur Zeit das normale Ufer der ganzen Stromstrecke auf eine Länge von 8,16 Stunden eingebaut und hiervon 3,73 Stunden mit Steinen gedeckt. *Einbau der Ufer.*

Da nun die Länge des Normalufers mit Ausschluß des Germersheimer Festungs-Rayons 17,89 Stunden beträgt, so sind im Ganzen noch 9,73 Stunden Ufer nach der Normallinie einzubauen, wozu nach den seitherigen Erfahrungen noch 18—20 Jahre erforderlich sein dürften.

Was die zum Schutz gegen Ueberschwemmungen erforderlichen Dämme betrifft, welche conventions= *Dämme.*

— 20 —

mäßig 500' von dem Normalufer entfernt herzustellen sind, so ist der Uebereinkunft soweit entsprochen, als dies die Stromverhältnisse gestatteten. — Ein großer Theil der Dämme liegt aber noch in weiter Entfernung von dem normalen Flusse, so daß zwischen diesem und den Dämmen oft noch große Geländeflächen der Ueberschwemmung Preis gegeben sind.

Das Versetzen solcher Dämme auf die Normallinie ist von dem Fortgang der Verlandung der Altrheine bedingt, und kann daher nur allmählig bewirkt werden.

Eine Zeit, binnen welcher die Eindämmung vollständig normalmäßig hergestellt sein wird, läßt sich nicht bestimmen.

Aufwand. Die Kosten, welche die Staatskasse für den Rhein längs der bayerischen Grenze aufgewendet hat, betragen nach Beil. Nr. XVII. vom Jahr 1817 bis 1862 zusammen 3,597,144 fl. 47 kr.

Flußbau-beiträge. Von diesem Aufwand haben nach Beil. XVIII. die im Ueberschwemmungsgebiet gelegenen Gemeinden 1,076,029 fl. 26 kr. als Fluß- und Dammbaubeiträge an die Staatskasse ersetzt, daher die eigentliche Leistung der letzteren nur in 2,521,115 fl. 21 kr. besteht.

Der Umstand, daß die Fluß- und Dammbaubeiträge hier 29,8% des Aufwandes betragen, während sie an dem badisch-französischen Rhein sich nur auf 9,6% des Aufwandes belaufen, erklärt sich daraus, daß der Correctionsaufwand für den badisch-französischen Rhein verhältnißmäßig höher, das Ueberschwemmungsgebiet der unteren Rheinstrecke aber bei verglichener Stromlänge weit größer ist, als jenes der oberen Abtheilung, daher auch dort verhältnißmäßig mehr Gemeinden zur Leistung von Flußbaubeiträgen beigezogen werden ²).

Seit dem Jahr 1838, zu welcher Zeit bereits 16 Durchschnitte ausgeführt waren, betrugen die Verwendungen nach Beil. Nr. XIX. 2,016,321 fl. 55 kr. also durchschnittlich im Jahr 87,623 fl.

Der Aufwand, welcher künftig noch für die allmählige Deckung der Rheindurchschnitte und für die Ergänzung der Normalufer in den nicht aus Rheindurchschnitten gebildeten Abtheilungen, für Dammverlegungen und für die Unterhaltung der bereits bestehenden und noch hergestellt werdenden Bauten erforderlich wird, ist nicht wohl annähernd zu berechnen, da eine Menge von Umständen auf den Kostenpunkt einen Einfluß üben, welche gar nicht vorauszusehen sind.

Auch eine Trennung des Aufwandes für Unterhaltung und Neubau läßt sich nur sehr schwierig bewirken, indem alle Arbeiten mit einander in innigstem Zusammenhange stehen.

---

²) Das badische Ueberschwemmungsgebiet des Rheins beträgt:
Länge der französischen Grenze . . . . . 118,300 Morgen
„ „ bayerischen „ . . . . . 70,600 „
Die Länge der Normallinie beträgt:
Länge der französischen Grenze . . . . . 41,103 Stunden
„ „ bayerischen „ 17,89
Zur Ermittelung des Verhältnisses des Ueberschwemmungsgebietes des Ober- und Unterrheins hat man daher die Proportion:
41,103: 118,300 = 17,89: x
x = 51,500 Morgen.
Diese Anzahl Morgen müßte das Ueberschwemmungsgebiet des Unterrheins enthalten, um im gleichen Verhältniß mit jenem des Oberrheins zu stehen; da aber Ersteres 70,600 Morgen beträgt, so verhält sich
„eine gleich lange (vermittelte) Strecke des Ueberschwemmungsgebiets des Ober- und Unterrheins wie 5 : 7."

Auch hier hat die außerordentliche Dotation nur die Eigenschaft eines Zuschusses zu Bestreitung aller für Neubau und Unterhaltung erforderlichen Kosten.

Laffen sich diese Kosten für zwei Jahre auch nicht genau vorausberechnen, so kann doch ein annähernder Ueberschlag eher, als bezüglich des Oberrheins aufgestellt werden, weil die Verhältnisse des Stroms hier einem weniger raschen Wechsel unterliegen.

Da noch die Deckung der Ufer an mehreren Durchschnitten ganz oder theilweise fehlt, und auch die Einengung des Flußbettes fortgesetzt werden muß, wird man den in der Neuzeit bewilligten außerordentlichen Zuschuß noch für eine Reihe von Jahren bedürfen, und eine erhebliche Minderung der Kosten wird erst dann eintreten, wenn die Durchschnitte einmal sämmtlich auf ihre normale Breite erweitert und gedeckt sind.

Bringt man übrigens mit dem Aufwande die bereits erzielten und noch weiter in Aussicht stehenden Vortheile in Vergleichung, so ergibt sich immerhin ein sehr günstiges Resultat.

Die Correction nimmt eine Fläche von 5620 Morgen in Anspruch, nämlich:

von bayerischen Gemarkungen . . . . 2020 Morgen,
von badischen Gemarkungen . . . . 1860 „
und von dem alten Rheinbett wurden für
die Correction verwendet . . . . 1740 „

Wie aus Beilage Nro. XX. zu ersehen, nahm das alte Rheinbett, soweit es in Folge der Rhein= *Verlandungen.* correction verlassen, und der allmähligen Verlandung übergeben wird, eine Fläche von 9225 Morgen ein, wovon 5610 Morgen innerhalb badischen Gemarkungen und 3615 Morgen innerhalb bayerischen Gemarkungen liegen.

Von diesen Flächen sind auf badischem Gebiete bereits 2970 Morgen verlandet, und große Abtheilungen davon schon der Cultur übergeben.

Schlägt man den Werth der Verlandungen nur zu 200 fl. für den Morgen an, so berechnet sich das hieraus allmählig anwachsende Capital auf 1,122,000 fl.

Von diesen Verlandungen wurde ein Theil den Gemeinden als Entschädigung für das zu den Durchschnitten abgegebene Gelände zugetheilt; der übrige Theil aber ist an die Domänen-Administration abgetreten.

Weit höher als der Nutzen der Verlandungen ist aber der Vortheil anzuschlagen, der durch Sicherung des ausgedehnten Rheingebietes gegen Ueberschwemmungen und durch die Senkung des Wasserspiegels erzielt wird.

Eine Vergleichung der Pegelstände bei Knielingen von den Jahren 1817 und 1861 weist nach, daß *Senkung des* der Wasserspiegel bei Mittelwasser sich etwa um 7,5 Fuß und bei Hochwasser um 6,5 Fuß gesenkt hat, *Wasserspiegels.* wodurch jetzt schon der größte Theil der Rheinniederungen entsumpft, und einer besseren Cultur zugänglich wurde.

Der in neuerer Zeit wahrnehmbare erfreuliche Wohlstand vieler im Rheingebiet gelegenen Gemeinden muß anerkanntermaßen zum größten Theile den Folgen der Rheincorrection zugeschrieben werden.

Daß die durch diese Fluß-Regulirung bewirkte Abkürzung der Rheinufer um ca. 12 Stunden für die Folge eine bedeutende Verminderung der Rheinbaukosten veranlassen muß, bedarf keines Nachweises.

Ueberschaut man nach allem Diesem die der Rheincorrection überhaupt gebrachten Opfer und die dadurch erzielten Vortheile, so wird man zu folgenden Betrachtungen geführt:

1) Der seit dem Beginn der Correction, also seit 1817, beziehungsweise 1838, für den Rheinbau überhaupt bestrittene Aufwand beläuft sich

    a. für den badisch-französischen Rhein auf . . . . 8,229,577 fl. — kr.,
    b. für den badisch-baierischen Rhein auf . . . . 3,597,144 fl. 47 kr.,

                                    im Ganzen also auf 11,826,721 fl. 47 kr.

Hievon haben die Rheingemeinden durch Fluß- und Dammbau-Beiträge gedeckt . . . . 1,875,033 fl. 34 kr.,

nämlich:

    a. für den badisch-französischen Rhein . . . 799,004 fl. 8 kr.,
    b. für den badisch-baierischen Rhein . . . 1,076,029 fl. 26 kr.

Der reine Aufwand aus der Staatskasse beläuft sich daher im Ganzen auf 9,951,688 fl. 13 kr.

Diese Summe stellt aber nicht die Kosten, welche für die Correctionsarbeiten verwendet wurden, allein dar, sondern sie enthält auch den Aufwand, welcher für die Unterhaltung des Bestehenden bestritten wurde.

Nach den Verwendungsnachweisungen für die Jahre 1857 bis einschließlich 1860 betragen die Kosten für Neubauten:

    an dem badisch-französischen Rhein ca. . . . 36 Procent,
    an dem badisch-baierischen Rhein ca. . . . 45 "

des ganzen Aufwandes.

Immerhin muß bei Beurtheilung des Aufwandes in Betracht gezogen werden, daß, wenn eine planmäßige Correction des Rheins nicht zur Ausführung gekommen wäre, dennoch fortwährend zur Vertheidigung der Ufer gegen die Angriffe des Stromes und zum Schutze der rückliegenden Gemarkungen große Summen hätten aufgewendet werden müssen, ohne daß dadurch eine bleibende Verbesserung der Stromverhältnisse im Allgemeinen erzielt worden wäre.

Nun wird aber durch diese systematische Regelung des Flusses, dessen Bett um 20,067 Stunden abgekürzt, und durch die gerade Leitung desselben der Uferschutz erheblich erleichtert, so daß nach Vollendung des Correctionswerkes der Aufwand für Unterhaltung der Ufer sich auf das überhaupt zulässige Minimum beschränken läßt.

Freilich werden, bis dies Ziel vollständig erreicht wird, noch einige Millionen aufzuwenden sein; allein der Aufwand, so bedeutend er auch ist, wird dennoch gegenüber den gewonnenen Vortheilen stets in günstigem Verhältnisse stehen.

Dabei wird natürlich vorausgesetzt, daß die Vollendung des so weit gediehenen Werkes nicht durch Verhältnisse irgend einer Art für längere Zeit unterbrochen werde.

Eine solche Unterbrechung wäre nämlich hinsichtlich des badisch-französischen Rheines aus dem Grunde ganz besonders nachtheilig, weil, so lange der Thalweg des Flusses sich nicht vollständig in dem normalen Bette befindet, und die Ufer nicht durchaus gesichert sind, bei eintretenden Hochwassern Uferabbrüche entstehen können, die, wenn nicht augenblickliche Abwehr eintreten kann, den Austritt des Stromes in die alten Rinnsaale veranlassen, und Verschüttungen des bereits geschaffenen, normalen Bettes herbeiführen können, welche später nur mit großen Opfern und in längerer Zeit erst wieder zu beseitigen sind.

Je weiter die Correction ihrer Vollendung nahe gebracht wird, destomehr schwinden aber solche Besorgnisse, daher die möglichste Beschleunigung der Vollendung des Unternehmens wenigstens gegenüber der französischen Grenze mit allen verfügbaren Mitteln zu erstreben wäre.

Aber auch bezüglich des badisch-bayerischen Rheines müßte eine längere Unterbrechung der Correctionsarbeiten mit großem Nachtheile verbunden sein, weil, wenn die Ufer der Rheindurchschnitte nicht rechtzeitig gedeckt werden, Uferabbrüche hinter der Normallinie entstehen, wodurch der spätere Einbau in hohem Maaße erschwert und vertheuert wird.

Auch hier ist also sehr zu wünschen, daß die Correctionsarbeiten einen möglichst raschen Fortgang nehmen.

2) Der Gewinn an nutzbarem Areal durch entstehende Verlandungen der Altrheine beträgt:
 a. an dem badisch-französischen Rhein . 22,100 Morgen,
 b. „ „ „ bayerischen „ . . 5,610 „
         Zusammen 27,710 „

In Geld angeschlagen wird sich der Werth dieser Verlandungen mindestens auf eine Summe von 5,042,000 fl. belaufen.

3) Der Nutzen, welcher durch die Entsumpfung der in dem badischen Ueberschwemmungsgebiet des Rheins liegenden Grundstücke entsteht, ist zwar annähernd kaum in Zahlen auszudrücken, allein immerhin auf ca. 15 Millionen anzuschlagen *).

Die Vortheile, welche durch die in Folge der Rheincorrection möglich gewordene Rectification der meisten Binnenflüsse gewonnen wurden, sind ganz unberechenbar.

4) Was den Einfluß der Rheincorrection auf Schifffahrt und Flößerei betrifft, so stellt sich derselbe gleichfalls als unzweifelhaft günstig dar, wenn man die dabei in Betracht kommenden Verhältnisse einer näheren und vorurtheilsfreien Erwägung unterzieht.

Die Hindernisse, welche sich der Schifffahrt und Flößerei auf dem Rhein zur Zeit noch entgegenstellen, bestehen hauptsächlich in Geschiebsablagerungen (Kies- und Sandbänken), welche sich bald da, bald dort in dem normalen Flußbett und selbst in einigen bereits auf die vorgeschriebene Breite erweiterten Durchschnitten bilden, und wodurch Schiffe und Flöße genöthigt sind, bei niederen Wasserständen in kurzen Krümmungen zu fahren.

Diese Zustände erschweren nicht allein die Thalfahrt der längeren Flöße, sondern ganz besonders die

---

*) Das Ueberschwemmungsgebiet beträgt auf der badischen Rheinseite:
 längs der französischen Grenze . . . . 118,300 Morgen
 „ „ badisch-bayerischen Grenze . . . . 70,600 „
            zusammen 188,900 Morgen.

Nach den in neuester Zeit gemachten Erhebungen ist anzunehmen, daß in Folge der Rheincorrection der jährliche Ertrag dieses Geländes sich im Durchschnitt um mindestens 4 fl. per Morgen erhöht hat, mithin eine Steigerung des gesammten jährlichen Reinertrags von 755,600 fl. erzielt wurde, welche Mehreinnahme zu 5% berechnet einem Kapital von 15,112,000 fl. entspricht.

— 24 —

Bergfahrt der Dampfschlepper, weil an manchen Stellen ein Theil der Schleppschiffe abgehängt werden muß.

Solche Geschiebsablagerungen sind nun aber vor dem Beginne der Correction weit ausgedehnter, als jetzt in dem Flußbett des Rheines vorgekommen, was schon daraus hervorgeht, daß damals nach jedem hohen Wasserstand eine neue Aufsuchung und Bezeichnung des Schiffsweges nöthig wurde, während Aehnliches längst nicht mehr erforderlich ist.

So lange noch ein Theil der Rheinufer dem Abbruche ausgesetzt ist, und dadurch die Geschiebsmassen sich in großem Maßstabe bilden, so lange das Flußbett des Rheins nicht durchweg in seiner normalen Breite besteht, und die Flußsohle nicht überall auf die normale Tiefe gebracht und ausgeglichen ist, wird die Bildung und Bewegung größerer Geschiebsmassen nicht aufhören.

Aber gerade die Correction des Rhein's bietet das einzige Mittel, diesen Mißständen allmählig auf die Dauer zu begegnen.

Die Schiffer selbst, welche den früheren Zustand des Schiffsweges kannten, erkennen an, daß die Verhältnisse gegen früher sich wesentlich gebessert haben, und daß insbesondere die vielen der Schifffahrt sehr gefährlichen Stellen am Rhein fast gänzlich beseitigt sind.

Die zuweilen noch laut werdende Ansicht, daß die durch die Rheincorrection und insbesondere durch die Rheindurchschnitte veranlaßte größere Geschwindigkeit des Wasserabflusses der Schifffahrt zu Berg sehr nachtheilig, ja sogar Veranlassung sei, daß dieselbe von Mannheim aufwärts ihre frühere Bedeutung verloren habe, muß als eine völlig irrthümliche bezeichnet werden.

Die Thatsache allein, daß die Rheindurchschnitte, sobald sie nur schiffbar sind, sogleich zur Berg- und Thalfahrt benützt werden, weil die Abkürzung des Schiffsweges weit höher, als die etwas vermehrte Wassergeschwindigkeit in Anschlag gebracht wird, würde jene Ansicht allein schon genügend widerlegen, allein auch einvernommene, anerkannt tüchtige Rheinschiffer und Steuerleute sprechen sich selbst entschieden zu Gunsten der Rheindurchschnitte aus.

Daß die Schifffahrt am Oberrhein ihre frühere Ausdehnung nur durch die Concurrenz der beiderseitigen Eisenbahnen verloren hat, ist hinlänglich bekannt.

Am unzweifelhaftesten spricht übrigens für den günstigen Einfluß der Correction auf die Schifffahrt, daß die Beschleunigung ihrer Vollendung von den Schiffern selbst sehr gewünscht wird, und daß insbesondere die möglichst baldige Ausführung des Altripper Durchschnitts zur Beseitigung der für die Schifffahrt fast allein noch gefährlichen Stelle durch die Rheinschifffahrtscommission selbst auf das lebhafteste bevorwortet wird.

5) Von allen diesen Vortheilen abgesehen liegt aber der größte Werth der Rheincorrection darin, daß sich durch die Entsumpfung der Rheinniederungen die Gesundheitsverhältnisse der Einwohner sehr verbessert haben, und daß deren Eigenthum und Leben gegen die zerstörenden Angriffe des Flusses auf die Dauer geschützt werden.

Beilage Nr. I.

Verzeichniß
der
im Ueberschwemmungsgebiet des Rheins liegenden badischen Gemarkungen.

Ordn.-Zahl	Namen der Gemarkung	Seelenzahl	Ordn.-Zahl	Namen der Gemarkung	Seelenzahl
1	Weil	1320		Uebertrag	40623
2	Haltingen	969	42	Schenheim	1426
3	Märtt	240	43	Altenheim	1857
4	Eimeldingen	431	44	Marlen (Goldscheuer)	2090
5	Kirchen	1020	45	Eckartsweier	554
6	Efringen	513	46	Kehl (Dorf)	2307
7	Istein	512	47	Kehl (Stadt)	1512
8	Huttingen	312	48	Auenheim	949
9	Kleinkems	272	49	Neumühl	539
10	Rheinweiler	411	50	Kork	960
11	Bamlach	605	51	Bodersweier	983
12	Bellingen	640	52	Leutesheim	869
13	Schliengen	1244	53	Linx	796
14	Steinenstadt	781	54	Honau	348
15	Neuenburg	1188	55	Diersheim	821
16	Hügelheim	649	56	Bischofsheim	1449
17	Zienken	203	57	Freistett	1701
18	Grießheim	998	58	Helmlingen	589
19	Heitersheim	1304	59	Scherzheim	707
20	Eschbach	915	60	Lichtenau	1108
21	Bremgarten	607	61	Grauelsbaum	210
22	Hartheim	612	62	Ulm	626
23	Altbreisach	3117	63	Greffern	724
24	Gretzhausen	136	64	Schwarzach	1176
25	Jhringen	2446	65	Stollhofen	964
26	Achkarren	618	66	Sellingen	570
27	Rothweil	1489	67	Hügelsheim	926
28	Burkheim	767	68	Iffezheim	1473
29	Jechtingen	892	69	Wintersdorf	676
30	Sasbach	1016	70	Sandweier	1127
31	Wyhl	1747	71	Ottersdorf	840
32	Weisweil	1670	72	Rastatt	7216
33	Oberhausen	1736	73	Plittersdorf	1122
34	Niederhausen	969	74	Steinmauern	1581
35	Rust	1775	75	Oetigheim	1954
36	Kappel	1250	76	Pietzheim	1688
37	Wittenweier	550	77	Illingen	482
38	Nonnenweier	1325	78	Elchesheim	809
39	Allmannsweier	681	79	Würmersheim	313
40	Ottenheim	1476	80	Durmersheim	2195
41	Meisenheim	1017	81	Au	1149
	Uebertrag	40623		Uebertrag	90015

Ordn.-Zahl	Namen der Gemarkung.	Seelenzahl.	Ordn.-Zahl	Namen der Gemarkung.	Seelenzahl.
	Uebertrag	90015		Uebertrag	115987
82	Mörsch	1746	102	Rheinhausen	887
83	Neuburgweier	343	103	Neu-Lußheim	940
84	Kastenwörth	—	104	Alt-Lußheim	1241
85	Forchheim	974	105	Hockenheim	3225
86	Daxlanden	1871	106	Oftersheim	1441
87	Bulach	985	107	Ketsch	1198
88	Knielingen	1768	108	Schwetzingen	3192
89	Welsch-Neureuth	901	109	Plankstatt	1770
90	Deutsch-Neureuth	1221	110	Brühl	859
91	Eggenstein	1385	111	Grenzhof	—
92	Leopoldshafen	709	112	Neckarau	2214
93	Linkenheim	1243	113	Edingen	1179
94	Hochstetten	570	114	Seckenheim	2587
95	Graben	1825	115	Mannheim	26915
96	Liedolsheim	2080	116	Käferthal	2534
97	Rußheim	1283	117	Sandhofen	1627
98	Huttenheim	972	118	Schaarhof	238
99	Rheinsheim	1583	119	Sanddorf	39
100	Philippsburg	2236	120	Kirschgartshausen	136
101	Oberhausen	2277		Summa	168209
	Uebertrag	115987			

— 27 —

Beilage Nr. II.

Vergleichende Darstellung
der Länge des Thalwegs in den Jahren 1838, 1852 und 1861.

Ordnungszahl	Namen der Gemeinden.		Länge des Thalwegs						Gesammtlänge des Thalwegs			Länge der Normallinie.
			innerhalb der Correction			außerhalb der Correction						
			1838	1852	1861	1838	1852	1861	1838	1852	1861	
	Badische.	Französische.				Ruthen.						
1	Weil		238	285	275	—	—	—	238	285	275	252
2	Hältingen		378	320	356	—	—	—	378	320	356	148
3	Märkt		506	508	500	—	—	—	506	508	500	496
4		Neudorf	690	696	687	—	—	—	690	696	687	900
5	Kirchen		138	518	538	400	—	—	538	518	538	528
6	Efringen		65	275	275	230	—	—	295	275	275	272
7	Istein		269	245	704	475	492	—	744	740	704	724
8	Huttingen		42	54	66	275	238	292	317	292	358	204
9	Kleinkems		110	434	365	402	—	—	512	434	365	456
10		Grosskems	630	718	907	380	238	—	1010	956	907	963
11	Rheinweiler		616	515	628	80	181	58	696	696	686	695
12	Bamlach		200	79	80	272	449	460	472	528	540	400
13	Rettingen		235	90	150	995	704	675	830	794	825	700
14	Steinenstadt		504	569	544	—	—	—	504	539	544	549
15	Neuenburg		1480	2411	2680	2405	1524	1063	3885	3935	3743	3584
16		Ottmarsheim	50	243	295	565	—	—	615	243	295	258
17	Grießheim		74	206	—	650	1036	1164	724	1242	1164	482
18		Schalampe	10	—	—	450	—	—	460	—	—	—
19		Kummershelm	245	104	110	275	522	492	520	626	602	420
20		Blodelsheim	262	—	—	598	—	—	860	—	—	724
21		Zeilenheim	80	70	216	471	577	—	551	647	216	188
22	Heitersheim		36	84	196	194	164	9	230	248	204	207
23	Bremgarten		94	—	232	26	136	78	120	136	310	354
24	Hartheim		220	604	612	1378	720	336	1598	1324	1154	825
25		Balgau	50	40	38	482	240	352	532	280	390	380
26		Rumbsheim	31	—	67	139	—	—	170	—	67	509
27	Alt-Breisach		1502	3888	5041	4463	1628	411	5965	5516	5452	5413
28	Burkheim		470	950	950	660	—	—	1130	950	950	950
29	Jechtingen		350	898	926	606	252	—	956	850	926	892
30	Sasbach		990	723	1396	610	811	263	1600	1534	1659	1524
31	Wyhl		915	802	508	1055	346	504	1970	1148	1012	1071
32	Weisweil		777	1212	1282	565	—	—	1342	1212	1282	1400
33		Biesheim	—	—	—	130	—	—	130	—	—	—
34		Kuhnheim	—	—	—	50	—	—	50	—	—	—
35		Balzenheim	—	—	—	64	—	—	64	—	—	—
36		Marktolsheim	—	—	—	250	370	—	250	370	—	—
37		Schönau	717	506	951	508	1124	81	1225	1630	1032	1187
38	Oberhausen		50	—	167	440	—	—	490	—	167	—
39	Niederhausen		—	—	47	—	—	—	—	—	47	—
40	Koppel		—	280	67	545	—	—	545	280	67	116
41		Sundhausen	—	24	—	45	—	158	45	24	158	45
42		Rheinau	1337	2145	2795	1438	1041	243	3275	3186	3038	2976
43	Wittenweier		397	615	735	263	155	—	660	770	735	698
44	Nonnenweier		245	653	881	770	232	—	1015	885	881	884
45	Ottenheim		460	2200	2173	1739	—	—	2225	2200	2173	2184
		Uebertrag	15389	23661	28648	27746	13210	6724	40135	36871	35374	34885

4*

— 28 —

Ordnungszahl	Namen der Gemeinden		Länge des Thalwegs						Gesammtlänge des Thalwegs			Länge der Normallinie
			innerhalb der Correction			außerhalb der Correction						
			1834	1852	1861	1838	1852	1861	1838	1852	1861	
	Deutsche	Französische				Ruthen.						
		Uebertrag	15399	23661	28648	24746	13210	6726	40135	36871	35374	34885
46	Weißenheim		450	13	622	575	681	—	1025	694	622	500
47		Erstein	85	—	—	435	—	—	520	—	—	70
48		Plobsheim	465	1226	789	796	—	122	1261	1226	907	1428
49		Eschau	620	736	756	230	—	—	850	736	756	778
50	Ichenheim		35	248	552	421	—	—	456	248	552	
51	Altenheim		—	—	—	308	—	204	308	—	204	
52	Marlen		456	325	684	84	228	—	490	553	684	612
53	Kehl (Dorf)		1316	1322	1320	339	—	—	1655	1322	1320	1540
54		Straßburg	2296	2985	3088	1144	458	136	3440	3443	3224	3152
55		Wanzenau	220	578	620	1015	—	—	1235	578	620	535
56	Auenheim		—	217	252	—	—	—	—	217	252	175
57	Leutesheim		147	450	435	613	—	—	760	450	435	479
58	Honau		178	916	843	212	—	—	390	916	843	893
59	Nersheim		102	505	540	360	—	—	462	505	540	455
60		Gambsheim	74	445	197	606	—	—	680	445	197	245
61		Offendorf	87	1020	1055	1278	—	—	1365	1020	1055	1116
62	Freistett		124	714	934	1244	—	—	1368	714	934	830
63	Helmlingen		—	320	277	—	—	—	—	320	277	290
64	Scherzheim		114	217	230	228	437	—	342	654	230	220
65	Lichtenau		765	835	838	—	247	—	765	578	835	836
66	Grauelsbaum		75	—	187	195	222	—	270	222	187	184
67	Ulm		—	—	—	22	44	—	22	44	—	—
68	Greffern		613	588	684	119	188	—	732	776	584	810
69		Drusenheim	150	125	604	232	191	—	382	316	604	615
70		Dalhundern	246	238	270	—	12	—	246	250	270	235
71		Fort-Louis	—	—	—	326	—	—	326	—	—	—
72	Stollhofen		856	1294	1268	38	—	—	1261	1294	1268	1279
73	Söllingen		678	888	1335	1032	700	—	1710	1588	1335	1346
74	Hügelsheim		34	498	496	672	—	—	610	498	496	500
75	Illgheim		158	142	378	360	828	—	518	770	378	145
76	Winterstorf		742	954	978	245	—	—	987	954	978	975
77		Neubäusel	47	291	642	858	173	—	432	464	642	630
78		Beinheim	700	200	376	119	150	290	824	440	666	800
79		Selz	—	442	453	1140	—	—	1140	442	453	463
80	Plittersdorf		86	680	550	1144	—	—	1230	590	550	635
81		Münchhausen	87	1052	1031	789	—	—	876	1052	1034	1096
82		Mothern	244	590	868	610	—	—	854	860	868	840
83		Lauterburg	625	1528	1176	—	—	—	625	1528	1176	1208
84	Steinmauern		—	—	—	590	—	—	590	—	—	—
85	Illingen		—	—	—	490	—	—	490	—	—	—
86	Zu (U. P. 120)		44	48	338	860	—	—	985	48	338	302
		Summa	25318	46023	54213	44232	17303	7478	72556	63060	61691	60534

Beilage Nr. III.

Längen

der eingebauten, mit Stein gedeckten und nicht eingebauten Strecken des Normalufers längs der badisch-französischen Grenze.

(Länge der Normallinie = 608940 Fuß.)

Bezeichnung der Inspectionen	Ordnungs- zahl	Namen der Gemeinden.		Länge des Normalufers.		
					eingebaut	nicht eingebaut.
		Badische.	Französische.	noch nicht hinlänglich gedeckt.	mit Stein gedeckt.	
				Fuß.		
Lörrach	1	Weil				
	2	Haltingen				
	3		Neudorf			
	4	Märkt				
	5	Kirchen				
	6	Efringen				
	7	Istein				
	8	Hultingen		2610	78310	38780
	9		Großkems			
	10	Kleinkems				
	11	Rheinweiler				
	12	Bamlach				
	13	Bellingen				
	14	Steinenstadt				
	15	Neuenburg				
Freiburg	16		Blodelsheim			
	17	Grießheim				
	18	Bremgarten				
	19		Fessenheim			
	20		Balgau	19600	37500	44320
	21		Rambsheim			
	22	Hartheim				
	23	Altbreisach				
	24	Burkheim				
			Uebertrag	22210	115810	83100

— 30 —

Bezeichnung der Inspectionen.	Ord-nungs-zahl	Namen der Gemeinden.		Länge des Normalufers.		
		Badische.	Französische.	eingebaut		nicht ein-gebaut.
				nicht hin-länglich gedeckt.	mit Stein gedeckt.	
				Fuß.		
			Uebertrag	22210	115810	83100
Emmendingen	25	Rechtlingen				
	26	Sasbach				
	27	Wyhl				
	28	Weisweil		2690	49870	9820
	29	Oberhausen				
	30		Schönau			
	31	Niederhausen				
	32	Ruft				
	33		Rheinau			
	34	Kappel				
Lahr	35	Wittenweler		52710	11240	18880
	36	Nonnenweier				
	37	Ottenheim				
	38	Meißenheim				
	39	Schenheim				
	40	Altenheim				
	41		Plobsheim			
	42		Eschau			
	43	Marlen				
Offenburg	44	Eckartsweler		28540	25710	12950
	45	Kehl (Dorf)				
	46		Straßburg			
	47	Auenheim				
	48	Leutesheim				
	49		Wanzenau			
	50	Honau				
	51	Diersheim				
	52	Freistett				
	53		Offendorf			
Achern	54	Helmlingen		30860	21080	22870
	55	Scherzheim				
	56	Lichtenau				
	57	Grauelsbaum				
	58		Drusenheim			
	59		Dalhunden.			
	60	Greffern				
			Uebertrag	137010	223710	147620

— 31 —

Bezeichnung der Inspection	Ord-nungs-zahl	Namen der Gemeinden.		Höhe des Normalufers.		
		Badische.	Französische.	eingebaut.		nicht ein-gebaut.
				nicht hin-länglich gedeckt.	mit Stein gedeckt.	
				Fuß.		
Rastatt	61 62 63 64 65 66 67 68 69 70 71 72	Stollhofen Söllingen Hügelsheim Iffezheim Wintersdorf Plittersdorf. Au (G.P. 120)	Uebertrag Neuhäusel Beinheim Selz Münchhausen Mothern	137010 55040 192050	223710 27630 251340	147620 17930 165550
					606940	

— 32 —

Beilage Nr. IV.

Vergleichende Darstellung
des nutzbaren Geländes des Rheinvorlandes
nach dem Stand von 1852 und 1861.

Namen der Gemeinden.		1852.			1861.			Gewonnene Fläche.	Bemerkungen.
Deutsche	Französische	Wald.	Feld u. Wiese.	Zusammen	Wald.	Feld u. Wiese.	Zusammen		
					Ruthen.				
Weil		2800	7280	10080	7200	—	7200	—	Insp. Lörrach gewonnen: 156¾ Morg.
	Neudorf	—	—	—	12000	—	12000	12000	
Haltingen		2500	2800	5300	6800	—	6800	1500	
Märkt		1900	3340	5240	5400	—	5400	160	
Kirchen		800	160	960	5000	—	5000	4040	
Efringen		—	—	—	4800	—	4800	4800	
Istein		1150	—	1150	11000	—	11000	9850	
Huttingen		2080	—	2080	2500	—	2500	420	
Kleinkems		3260	—	3260	12800	—	12800	9540	
	Großkems	450	—	450	5400	—	5400	4950	
Rheinweiler		3140	3360	6500	8000	—	8000	1500	
Bamlach		1440	340	1780	4500	—	4500	2720	
Bellingen		2800	—	2800	6000	—	6000	3200	
Steinenstadt		—	—	—	10000	—	10000	10000	
Neuenburg		17260	—	17260	72000	—	72000	54740	
	Blodelsheim	5730	—	5730	15000	—	15000	9270	
Grießheim		90	—	90	5600	—	5600	5510	Insp. Freiburg gewonnen: 163 Morgen.
Heitersheim		2760	—	2760	—	—	—	—	
Bremgarten		3470	—	3470	5100	—	5100	1630	
	Fessenheim	310	—	310	—	—	—	—	
	Balgau	4980	—	4980	8400	—	8400	3420	
	Rambsheim	3320	—	3320	3600	—	3600	280	
Hartheim		540	—	540	15000	—	15000	14460	
Alt-Breisach		35720	—	35720	63500	—	63500	27780	
Burkheim		16490	—	16490	22500	—	22500	6010	
Jechtingen		18400	—	18400	10507	—	10507	—	
Sasbach		8800	—	8800	19960	—	19960	11160	Insp. Emmendingen gewonnen: 60 Morgen.
Wyhl		22000	—	22000	20790	—	20790	—	
Weisweil		10800	—	10800	27737	—	27737	16937	
Oberhausen		5600	—	5600	8734	—	8734	3134	
Niederhausen		2000	—	2000	4008	—	4008	2008	
	Rheinau	15190	—	15190	14870	—	14870	—	
Wittenweier		520	—	520	2900	—	2900	2380	Insp. Lahr gewonnen: 51 Morgen.
Nonnenweier		16450	—	16450	16610	—	16610	160	
Ottenheim		21340	—	21340	35040	—	35040	13700	
Meißenheim		—	—	—	6000	—	6000	6000	
Schönheim		15400	—	15400	13900	—	13900	—	
		249490	17280	266770	493156	—	493156	—	

— 33 —

Namen der Gemeinden.		1852.			1861.			Gewonnene Fläche.	Bemerkungen.
Babische.	Französische.	Wald.	Feld u. Wiese.	Zusammen.	Wald.	Feld u. Wiese.	Zusammen.		
		Ruthen.							
	Uebertrag:	249490	17280	266770	493156	—	493156	—	
Altenheim		3410	—	3410	21400	—	21400	—	Insp. Offenburg gewonnen: 10½ Morgen
	Plobsheim	6700	—	6700	—	—	—	6990	
	Eschau	4300	—	4300	—	—	—	—	
Marlen		7830	—	7830	23300	—	23300	15470	
Eckartsweier		—	—	—	775	—	775	775	
	Straßburg	27060	90	27150	4600	—	4600	—	
Kehl (Dorf)		18390	7170	25560	20900	5100	26000	440	
Auenheim		750	—	750	3150	700	3850	3100	
Leutesheim		3360	—	3360	3164	—	3164	—	
Honau		9200	—	9200	10917	—	10917	1717	Insp. Achern gewonnen: 64 Morgen
Diersheim		3880	—	3880	10222	—	10222	6342	
Freistett		9570	—	9570	24961	—	24961	15391	
	Offendorf	4320	9190	13510	9900	—	9900	—	
Helmlingen		10060	—	10060	8453	—	8453	—	
Scherzheim		6360	—	6360	5307	195	5502	—	
Lichtenau		10020	4220	14240	10063	1421	11484	—	
Grauelsbaum		1500	—	1500	87	118	205	—	
Greffern		320	5260	5580	16205	5978	22183	16603	
	Drusenheim	3790	—	3790	—	—	—	—	
	Dalhunden	400	—	400	—	—	—	—	
Stollhofen		13910	2130	16240	20062	200	20262	4022	Insp. Rastatt gewonnen: 68½ Morgen
Söllingen		1860	3600	5460	17609	1250	18859	13399	
Hügelsheim		9870	2130	12000	6911	1690	8601	—	
	Neuhäusel	4630	—	4630	5863	—	5963	1233	
	Beinheim	4980	—	4980	4550	—	4550	—	
Iffezheim		790	—	790	1137	—	1137	347	
Wintersdorf		6050	410	6460	16217	—	16217	9757	
	Selz	1590	4300	5890	—	—	—	—	
Plittersdorf		2220	8540	10760	5873	7644	13517	2757	
	Münchhausen	8860	10700	19560	10027	3662	13689	—	
	Mobern	11570	1780	13350	9349	1465	10814	—	
	Lauterburg	1200	—	1200	—	—	—	—	
Au		7630	—	7630	17791	—	17791	10161	
		455870	77000	532870	781949	34423	816372		

Beilage Nr. V.

Darstellung

des nutzbaren Geländes auf badischen Gemarkungen in den früher von dem Rheinlauf abwechselnd in Anspruch genommenen Flächen ohne Einrechnung des Vorlandes nach dem Stand von 1852 und 1861.

Badische Gemeinden.	Nutzbare Fläche.						Gewonnene Fläche.
	1852.			1861.			
	Wald.	Feld und Wiese.	zusammen.	Wald.	Feld und Wiese.	zusammen.	
	Morgen.						
Weil	—	10	10	1	6	7	—
Haltingen . . .	51	3	54	60	2	62	8
Märkt . . .	255	120	375	252	136	388	13
Kirchen . . .	395	10	405	426	7	433	28
Efringen . . .	149	64	213	139	62	201	—
Istein	205	203	408	142	230	372	—
Hultingen . . .	75	—	75	80	4	84	9
Kleinkems . . .	111	107	218	59	169	228	10
Rheinweiler . . .	68	92	160	29	105	134	—
Bamlach . . .	65	32	97	23	6	29	—
Bellingen . . .	302	21	323	335	13	348	25
Schliengen . . .	—	—	—	53	3	56	56
Steinenstadt . . .	658	89	747	681	68	749	2
Neuenburg . . .	1574	301	1875	1533	270	1803	—
Hügelheim . . .	—	—	—	104	—	104	104
Zienken . . .	—	—	—	105	32	137	137
Grießheim . . .	789	137	926	679	196	875	—
Heitersheim . . .	43	3	46	25	—	25	—
Eschbach . . .	—	—	—	162	—	162	162
Bremgarten . . .	509	141	650	502	138	640	—
Hartheim . . .	655	178	833	649	184	833	—
Altbreisach . . .	2175	21	2196	2269	15	2284	88
Burkheim . . .	467	—	467	534	—	534	67
Jechtingen . . .	323	69	392	267	87	354	—
Sasbach . . .	763	52	815	878	49	927	112
Wyhl	690	3	693	764	—	764	71
Weisweil . . .	1440	118	1558	1578	102	1680	122
Oberhausen . . .	479	420	899	587	465	1052	153
Niederhausen . .	365	317	682	384	298	682	—
Rust	220	71	291	218	49	267	—
Kappel . . .	200	51	251	266	9	275	24
Wittenweier . . .	139	—	139	175	3	178	39
Nonnenweier . .	649	53	702	799	54	853	151
Ottenheim . . .	1250	376	1626	1209	443	1652	26
Meißenheim . . .	524	98	622	509	89	598	—
Ichenheim . . .	628	112	740	648	121	769	29
Uebertrag:	16216	3272	19488	17124	3415	20539	1436

	Nahbare Fläche.						Gewonnene Fläche.
	1852.			1861.			
Bablische Gemeinden.	Wald.	Feld und Wiese.	zusammen.	Wald.	Feld und Wiese.	zusammen.	
			Morgen.				
Uebertrag	16216	3272	19488	17121	3415	20539	1436
Altenheim . . .	688	450	1138	690	459	1149	11
Marlen	382	10	392	316	108	424	32
Eckartsweier . . .	94	21	115	18	104	122	7
Kehl (Dorf) . . .	386	65	451	291	174	465	14
Kehl (Stadt) . .	—	—	—	—	31	31	31
Auenheim . . .	586	22	608	529	88	617	9
Leutesheim . . .	284	35	319	287	—	287	—
Henau	281	90	371	527	82	609	238
Diersheim . . .	365	18	383	372	11	383	—
Bischoffsheim . .	—	—	—	98	—	98	98
Freistett	844	161	1005	864	162	1026	21
Helmlingen . . .	484	116	600	518	88	606	6
Scherzheim . . .	180	37	217	181	37	218	1
Lichtenau	251	17	268	270	23	293	25
Grauelsbaum . .	178	37	215	205	32	237	22
Ulm	—	—	—	128	5	133	133
Greffern	447	130	577	462	151	613	36
Stollhofen . . .	528	104	632	516	108	624	—
Söllingen . . .	226	137	363	482	105	587	224
Hügelsheim . . .	179	112	291	186	142	328	37
Iffezheim	284	262	546	367	261	628	82
Sandweier . . .	—	—	—	101	28	129	129
Wintersdorf . . .	530	195	725	455	175	630	—
Ottersdorf . . .	—	—	—	—	10	10	10
Plittersdorf . . .	382	318	700	461	326	787	87
Steinmauern . . .	—	—	—	93	42	135	135
Illingen	—	—	—	137	61	198	198
Au (G. P. 120) .	575	—	575	570	210	780	205
	24370	5609	29979	26248	6438	32686	3227

Französische Gemeinden.	Nutzbare Fläche.						Gewonnene Fläche.
	1852.			1861.			
	Wald.	Feld und Wiese.	zusammen.	Wald.	Feld und Wiese.	zusammen.	
	Morgen.						
Neudorf	15	—	15	17	—	17	2
Großkems	15	—	15	9	—	9	—
Blobelsheim . . .	44	—	44	74	—	74	30
Fessenheim . . .	—	—	—	—	—	—	—
Balgau	11	—	11	—	—	—	—
Rambsheim . . .	19	—	19	4	—	4	—
Rheinau	488	345	833	890	330	1220	387
Plobsheim	9	—	9	22	—	22	13
Eschau . . .	32	—	32	36	—	36	4
Straßburg . . .	87	—	87	120	—	120	33
Wanzenau	—	—	—	—	—	—	—
Offendorf	32	—	32	24	36	60	28
Drusenheim . . .	7	—	7	6	—	6	—
Dalhunden	14	—	14	13	—	13	—
Neuhäusel	53	5	58	60	—	60	2
Beinheim	16	—	16	21	—	21	5
Selz	4	37	41	6	35	41	—
Münchhausen . .	186	54	240	229	32	261	21
Modern	198	—	198	86	—	86	—
Lauterburg . . .	—	—	—	7	—	7	7
	1230	441	1671	1624	433	2057	532

Beilage Nr. VI.

Darstellung

des Aufwandes für den Rheinbau längs der französischen Grenze in der Zeit vom 1. Juli 1838 bis 1. Januar 1862.

Rechnungsjahre	Aufwand				Summe	
	im ordentlichen Etat		im außerordentlichen			
	fl.	kr.	fl.	kr.	fl.	kr.
1. Juli 1838—1839	208259	—	—	—	208259	—
1. „ 1839—1840	248993	—	—	—	248993	—
1. „ 1840—1841	220117	—	—	—	220117	—
1. „ 1841 bis 31. December 1841	122484	—	—	—	122484	—
1842	273476	—	—	—	273476	—
1843	249417	—	76637	—	326054	—
1844	273229	—	17076	—	290305	—
1845	249337	—	51561	—	300898	—
1846	296947	—	86704	—	383651	—
1847	300761	—	67242	—	368003	—
1848	305117	—	4357	—	309474	—
1849	317091	—	41971	—	359062	—
1850	310998	—	62556	—	373554	—
1851	304059	—	105362	—	409421	—
1852	309448	—	211993	—	521441	—
1853	311577	—	136458	—	448035	—
1854	309415	—	47693	—	357108	—
1855	291744	—	54322	—	346066	—
1856	309504	—	60007	—	369511	—
1857	313642	—	73543	—	387185	—
1858	303160	—	82411	—	385571	—
1859	303177	—	108083	—	411260	—
1860	299490	—	122021	—	421511	—
1861	300865	—	87273	—	388138	—
Zusammen	6732307	—	1497270	—	8229577	—

Beilage Nr. VII.

Darstellung
der

Fluß- und Dammbau-Beiträge für den Rheinbau längs der französischen Grenze von den Jahren 1838—1861.

Jahrgang	Betrag		Jahrgang	Betrag	
	fl.	kr.		fl.	kr.
			Uebertrag:	367096	24
1838	28583	4	1850	31069	5
1839	29450	44	1851	32482	42
1840	30029	3	1852	36145	15
1841	31723	43	1853	34901	26
1842	16787	46	1854	34123	6
1843	32774	36	1855	32364	20
1844	31662	28	1856	36436	61
1845	32319	15	1857	38171	1
1846	36798	12	1858	38907	17
1847	33336	5	1859	38419	36
1848	31547	51	1860	39057	54
1849	32083	37	1861	39829	11
Uebertrag:	367096	24		799004	8

Beilage Nr. VIII.

Uebereinkunft
zwischen
der Krone Bayern und dem Großherzogthum Baden
über
die Geradeleitung des Rheins von Neuburg bis Dettenheim.

Bei einer wiederholten, unterm 24. April d. J. dahier in Speyer stattgefundenen Zusammenkunft, sind die unterzeichneten Bevollmächtigten über die Rectification des Rheins von Neuburg bis Dettenheim auf folgende Art übereingekommen.

Art. 1.

Die in dem Plane des Rheinlaufs von Neuburg bis Dettenheim vorgeschlagene Rectification des Rheins wird von beiden Uferstaaten in der Art genehmiget, daß die Rectificationslinie ihrem wesentlichen Zuge nach beibehalten, hiernach auch auf dem Felde abgesteckt und bezeichnet, und in die neue Aufnahme genau eingetragen werden soll.

Wie geschehen, ist diese neue Aufnahme von den beiderseitigen Ingenieurs zu unterfertigen, und jeder Regierung ein Exemplar dieser Karten zuzustellen.

Art. 2.

Die beiderseitigen Regierungen machen sich verbindlich, ohne irgend eine Aufrechnung oder Ausgleichung der Kosten, die Flußkrümmen, wie dieselben den verschiedenen Uferlanden nachtheilig und im Plan des Rheinlaufs enthalten sind, zu durchschneiden.

Art. 3.

Dieser Verbindlichkeit zur Folge übernimmt die Krone Bayern die Durchstiche:
a) durch die badische Gemarkung Darlanden im Plane E. F.
b) „ „ Knielinger Gemarkung im Plane zwischen I. und II.
c) „ den Haselforst im Plane J. K.
d) die mit den Durchstichen Nr. I. und II. in Verbindung stehenden Wasserbauten Nr. 1 und 3.

Art 4.

Das Großherzogthum Baden verpflichtet sich den
a) Neuburger Durchstich C. D.
b) den Pforzer Durchstich G. H.
c) die Durchstiche Nr. 3, 4, und 6 im Plan, und
d) den Durchstich durch den Herrengrund L. M. zu führen.

Art. 5.

Die Perioden, in welchen diese Durchstiche ausgeführt werden sollen, sind folgende:
Bayern übernimmt im Laufe dieses Jahrs die Durchstiche in der Knielinger Gemarkung Nr. 1 und

2 und zugleich die Wasserbauten Nr. 1 und 3. Zu gleicher Zeit eröffnet Baden den Durchschnitt G. H. und den Durchstich Nr. 6. durch den Neupfoher Kopf; die Ausführung des Neuburger Durchstichs C. D. kann gleich beginnen, wenn dem Großh. badischen Gouvernement eröffnet werden wird, daß die ohne Verzug in Thätigkeit zu setzende Kommission ihre Arbeiten vollendet, und die Neuburger Gemeinde entschädigt haben wird.

Der Durchstich E. F. im Darlander Bann wird von der Königl. bayerischen Regierung im Jahr 1818 oder 19 ausgehoben, jedoch verspricht Baden, die Grundentschädigung bald zu erheben und auszugleichen, damit der Durchstich, wenn derselbe zum Gelingen des Durchstichs G. H. erforderlich ist, auch früher geführt werden könne.

Im Jahr 1818 stellt die Großh. Regierung die Durchstiche Nr 3 und 4 her.

Die Ausführung der Durchstiche durch den Haselforst und den Herrengrund werden den beiderseitigen Regierungen anheim gegeben, doch verpflichten sich dieselben gegen einander, die hier zu leistenden Entschädigungen im Verlaufe eines Jahres auszumitteln, und sonach alle Hindernisse zur Ausführung aus dem Wege geräumt zu haben.

Art. 6.

Die unterhandelnden Regierungen versprechen sich wechselseitig, das dem Rhein durch die Correction zu gebende neue Bett, und die sich hienach bildenden neuen Ufer zu erhalten, jeder nachtheiligen Abweichung zuvorzukommen, und keine Anpflanzungen innerhalb der angenommenen Uferlinien zu gestatten.

Art. 7.

Die bei dieser Correction sich ergebende Grundentschädigung für die in das neu zu bildende Flußbett fallenden Gründe wird von demjenigen Staate geleistet, unter dessen Landeshoheit dermalen die Gründe liegen, wonach Bayern die Entschädigungen für die im Art. 4 und Baden die Entschädigungen für die in dem Art. 3 benannten Durchstichen übernimmt.

Art. 8.

Die zur Sicherung des Besitzstandes und der Nutznießung auf Kosten des Beschützten zu erhebenden Dämme können blos nach einem mit wechselseitigem Einverständniß im Verlaufe eines Jahres zu bestimmenden Systeme, und nie zum Nachtheil eines Nachbarstaates gezogen werden.

Art. 9.

Das auf der Durchschnittslinie und dem weggeschnittenen Terrain stehende Holz wird von dem bermaligen Eigenthümer abgetrieben, und seiner freien Verfügung überlassen.

Art. 10.

Der Thalweg des neu zu bildenden Flußbettes wird die künftige Grenze der beiden Staaten von dem Zeitpunkte an bestimmen, wo die neu eröffneten Kanäle zur Berg- und Thalschifffahrt dienen.

Art. 11.

Die Parzellen der beiderseitigen Ufer, welche durch diese neue Grenze von ihrem bisherigen Verbande losgerissen, und mit den resp. jenseitigen Ufern vereinigt werden, gehen demnach unter die Hoheit der resp. Regierungen über.

Insofern dieselben bisher Staatseigenthum waren, behält der abtretende Staat binnen 5 Jahren die freie Verfügung über das Eigenthum und dessen Erträgnisse, insofern dieselben aber das Eigenthum der Gemeinden oder Privaten sind, bleiben dieselben den bisherigen Eigenthümern als unverletzliches Eigenthum garantirt.

Art. 12.

Diese von den beiderseitigen Kommissarien unterzeichnete Uebereinkunft soll den resp. Regierungen ohne Verzug vorgelegt, und längstens bis den 3. Mai d. J. ausgewechselt werden.

Speyer, den 26. April 1817.

(gez.) **Bürgel.** (gez.) **Tulla.**
Königl. bayerischer Ober- Gr. badischer Ober-Wasser- und
bau- und Regierungsrath. Straßenbaudirector. OberstL.

Bestätigt, mit dem ausdrücklichen Vorbehalte, daß die in die Rectificationslinie fallenden Dämme nicht eher durchstochen werden dürfen, bis die neuen ohne Verzug zu erhebenden Dämme nicht völlig hergestellt sind.

Speyer, den 17. Mai 1817.

Königl. bayerische Regierung des Rheinkreises.
(gez.) v. **Stichaner.**

Beilage Nr. IX.

Uebereinkunft

zwischen

der Krone Bayern und dem Großherzogthum Baden

über

die Geradeleitung des Rheins von Neuburg bis Dettenheim.

Da bei der unterm 24. April 1817 von den beiden unterzeichneten Bevollmächtigten über die Rectification des Rheins von Neuburg bis Dettenheim abgeschlossenen Uebereinkunft der Altwasser, welche durch die Abschneidung der Rheinkrümmen entstehen, nicht gedacht wurde, und es nothwendig ist, hierüber und insbesondere über das Eigenthum derselben eine Bestimmung zu haben, so sind die unterzeichneten Bevollmächtigten über nachstehenden Zusatzartikel zu der Convention vom 24. April 1817 übereingekommen:

„Die sich durch die Rectification des Rheins bildenden Altwasser, nunmehrigen Flußkrümmen, gehören von dem Zeitpunkte an, wo sich die Berg- und Thalschifffahrt in die neuen Durchschnitte gelegt haben wird, als ungetheiltes Eigenthum demjenigen Staate, dem hieburch nach dem Vertrage die Landeshoheit zugefallen ist."

Die Ausdehnung der Altwasser wird nach dem Kniellinger Pegel, und zwar bei einem Wasserstande bestimmt, welcher nach den älteren Beobachtungen sieben Fuß über dem niedersten ist, und diese Ausdehnung wird noch im Lauf dieses Jahrs 1818 abgepflöckt.

Die dermalen wegen der Fischerei noch laufenden Pachtverträge werden von den resp. Regierungen bis zu ihrem Ablaufe beibehalten, und die Pachtzinse an diejenige abgetragen, welche die Landeshoheit über die Altwasser ausübt.

Dieser Zusatzartikel zu der Uebereinkunft vom 24. April 1817 ist, von den beiderseitigen Kommissarien unterzeichnet, den resp. hohen Regierungen vorzulegen.

Basel, den 4. Juli 1818 und
Baden, den 8. Juli 1818.

(gez.) **Bärlei.**
Königl. bayerischer Oberbaurath.

(gez.) **Tulla.**
Gr. badischer Ober-Wasser- und
Straßenbaudirektor, Oberst.

Beilage Nr. X.

Uebereinkunft
zwischen

der Krone Bayern und dem Großherzogthum Baden

über

die Rectification des Rheins von Neuburg bis Dettenheim.

Da bei der unterm 24. April 1818 über die Rectification des Rheins von Neuburg bis Dettenheim abgeschlossenen Uebereinkunft in dem Art. 8 bestimmt wurde:

„daß die zur Sicherung des Besitzstandes und der Nutznießung auf Kosten der Beschützten zu erbauenden Dämme blos nach einem mit wechselseitigem Einverständniß im Verlaufe eines Jahres zu bestimmenden System, und nie zum Nachtheil eines Nachbarstaates gezogen werden können",

so haben beide unterzeichnete Bevollmächtigte Kommissarien unter Vorbehalt der Ratification ihrer hohen Regierungen nachfolgende Uebereinkunft getroffen:

1) Die von Neuburg bis Dettenheim angelegt werdenden neuen Dämme werden parallel mit den Ufern des rectificirten Laufs des Rheins in einer Entfernung von 60 badischen Ruthen oder 150 Mètres auf dem linken Ufer von der Königl. bayerischen und auf dem rechten Ufer von der Großh. badischen Regierung angelegt.

2) Die alten Dämme, welche den Rheinufern des rectifizirten Laufs oder beibehaltenen alten Laufs näher als 60 badensche Ruthen liegen, werden innerhalb zwei Jahren von dem Zeitpunkt an, in welchem sich die Berg- und Thalschifffahrt in den Durchschnitten gebildet hat, und da, wo das alte Flußbett beibehalten wird, innerhalb zwei Jahren von nun an von demjenigen Staate demolirt, in dessen Hoheit sich solche befinden, wenn der Fuß dieser Dämme tiefer, als der höchste Wasserstand liegt.

Diese nähere Bestimmung des Art. 8 der Uebereinkunft vom 24. April 1817 ist, von den beiderseitigen Kommissarien unterzeichnet, den respectiven hohen Regierungen vorzulegen.

Karlsruhe, den 16. Juni 1819.

(gez.) **Biebeling.**   (gez.) **Tulla.**

Königl. bayerischer Regierungsrath.   Großh. badischer Oberstlieutenant
und Ober-Wasser- und Straßenbaudirector.

Beilage Nr. XI.

Uebereinkunft

zwischen

dem Großherzogthum Baden und der Krone Bayern

über

die Rectification des Rheinlaufes zwischen der Ausmündung des Neupfoter Durchstichs und der Ausmündung des Frankenthaler Kanales.

Art. 1.

Die Rectification des Rheinlaufs zwischen der Ausmündung des Neupfoter Durchstichs und der Ausmündung des Frankenthaler Kanals wird nach den Linien ausgeführt, welche in dem von den beiderseitigen zur Abschließung des gegenwärtigen Vertrags Allerhöchst ermächtigten Kommissarien unterschriebenen Plane eingetragen sind.

Art. 2.

Die Krone Bayern übernimmt die Ausführung aller der im badischen Gebiete auszuhebenden Durchschnitte, daher die

1) des Schröcker Durchschnitts
2) „ Linkenheimer „
3) „ Dettenheimer „
4) „ Rheinsheimer „ Nr. 1.
5) „ Rheinsheimer „ „ 2.
6) „ Rheinhäuser „
7) „ Angelhofer „
8) „ Ketscher „
9) „ Neckarauer „

Das Großherzogthum Baden übernimmt die Aushebung aller der im bayerischen Gebiete auszuführenden Durchstiche, daher die

1) des Leimersheimer Durchstichs
2) „ Germersheimer „
3) „ Mechtersheimer „
4) „ Speyerer „
5) „ Otterstatter „
6) „ Altripper „
7) „ Friesenheimer „

Art. 3.

Die Bewerkstelligung des in dem Vertrage vom 24. April 1817 über die Rectification des Rheinlaufs zwischen Neuburg und Dettenheim bereits zugestandenen Durchstichs über den sog. Fruchtkopf und

Böllenkopf auf Groß. badischem Gebiete erfolgt auf Kosten der Königl. bayerischen Staatskasse, sobald der von Seite Badens in möglichst kurzer Zeitfrist herzustellende oberhalb gelegene Durchschnitt über den sog. Bremergrund den Thalweg aufgenommen haben wird.

Art. 4.

Die beiderseitigen Regierungen machen sich verbindlich, ohne irgend eine Ausgleichung der Kosten, die in den Art. 2 und 3 übernommene Ausgrabung der Durchstiche, und die Anlage der damit in Verbindung stehenden beiderseitigen Leitdämme bewerkstelligen zu lassen, und ebenso diejenigen Maßregeln zu ergreifen, welche das baldige vollkommene Gelingen derselben bezwecken. Alle zur Erreichung dieser Absicht nothwendigen Bauten auf dem linken Ufer der Rectificationslinie werden auf Königl. bayerische, alle Bauten auf dem rechten Ufer auf Großh. badische Kosten aufgeführt. Die deßfallsigen Entwürfe und Pläne werden vor ihrer Ausführung jederzeit wechselseitig mitgetheilt.

Art. 5.

Der Zeitraum, innerhalb welchem sämmtliche Durchstiche ausgehoben sein sollen, wird zu sechs Jahren bestimmt, und zwar sind auszuführen:

Im Etatsjahr 1825—26.

Der Schröcker, der Linkenheimer, der Rheinsheimer Nr. 1 und 2, der Angelhofer und der Friesenheimer Durchstich.

Im Etatsjahr 1826—27.

Der Germersheimer und Otterstatter Durchschnitt.

Im Etatsjahr 1827—28.

Der Leimersheimer, Mechtersheimer, Ketscher und Rheinhäuser Durchstich, letzterer nur zur Hälfte.

Im Etatsjahr 1828—29.

Der Altripper, Rheinhäuser (vollendet) und der Dettenheimer Durchstich (zur Hälfte).

Im Etatsjahr 1829—30.

Der Dettenheimer Durchstich (vollendet) und jener durch die Gemarkung von Speyer (zur Hälfte) und endlich

Im Etatsjahr 1830—31.

Der Neckarauer Durchstich, sowie die Vollendung jenes durch die Gemarkung von Speyer.

Art. 6.

Die beiden Regierungen verbinden sich wechselseitig, das dem Rhein durch die Correction zu gebende neue Bett und die sich hienach bildenden neuen Ufer nach den Normalinien zu erhalten, jeder Abweichung von denselben zuvorzukommen, und keine Anpflanzungen innerhalb der angenommenen Uferlinie zu gestatten.

Die Normalbreite für denjenigen Wasserstand, bei welchem die mittlere Tiefe nach erfolgter vollständiger Rectification bei Neuburg 3 Mètres oder 10 badische Fuß, und bei Maunheim 3,6 Mètres oder 12 badische Fuß beträgt, wird gleichförmig zu 240 Mètres oder 800 badische Fuß bestimmt.

Das Profil für den diese Tiefe übersteigenden Wasserstand soll auf den Grund der, durch beiderseitige Baubeamte anzustellenden, hydrometrischen Messungen und hydraulischen Berechnungen ausgemittelt, und gemäß der sich hieraus ergebenden Resultate nachträglich festgesetzt werden.

Art. 7.

Die durch diese Rectification bedingten Entschädigungen werden von demjenigen Staate geleistet, unter dessen Landeshoheit dermalen die betreffenden Besitzungen liegen.

Art. 8.

Längs den Gerabeleitungen, insoweit dieselben die bereits bestehenden Dammlinien durchschneiden, werden entweder gleichzeitig mit der Ausgrabung der Durchschnitte, oder früher, neue Dämme zum Schutze, und da wo es nöthig sein sollte, neue Schleußen zur Entwässerung des eingedeichten Landes, und zwar auf dem neuen Untseitigen Ufer auf Kosten des Königl. bayerischen Aerars, auf dem neuen rechten Ufer aber auf Kosten des Großh. badischen Aerars angelegt.

Dieselben erhalten längs den verschiedenen Durchstichen die in dem Plane, welcher dem Vertrage zu Grunde liegt, angezeigten Entfernungen von der Rectificationsmittellinie.

Längs den Durchstichen von Linkenheim, Dettenheim, Rheinsheim, Rheinhausen und Neckarau werden jedoch vor der Hand auf dem linken Ufer keine Dämme angelegt.

Art. 9.

Alle in das neue Ueberschwemmungsgebiet fallenden Dämme, insoweit solche dasselbe nach seiner Breite durchschneiden, werden nach erfolgter Ausführung der Durchstiche bis auf das natürliche Terrain abgetragen. Diese Demolition geschieht auf der linken Seite der Rectificationsmittellinie auf Königl. bayerische, auf der rechten Seite derselben aber auf Großh. badische Kosten.

Art. 10.

Der Thalweg jedes der neu zu bildenden Flußbette wird die künftige Grenze der beiden Staaten von dem Zeitpunkte an bestimmen, wenn der eröffnete Kanal zur Berg- und Thalschifffahrt bei jedem Wasserstande dient.

Art. 11.

Die Parzellen der beiderseitigen Ufer, welche durch diese neue Grenze von ihrem bisherigen Verbande losgerissen, und mit den jenseitigen Ufern vereinigt werden, gehen demnach unter die Hoheit der respectiven Staaten über.

Das Eigenthum des Staats, der Gemeinden, Korporationen und Privaten aber verbleibt den bisherigen Besitzern.

Die Rheindämme, insofern dieselben bisher Staatseigenthum waren, bilden hiervon eine Ausnahme, und gehen in den Besitz desjenigen Staates über, unter dessen Hoheit dieselben künftig fallen.

Art. 12.

Die Besitzer der durch die Rheinrectification von den wechselseitigen Gebieten abgeschnittenen Ländereien werden rücksichtlich der Benutzung ihrer Grundstücke und der Abfuhr der auf denselben geärnteten Erzeugnissen von beiden Staaten gleichförmig behandelt, und sind daher in dieser Beziehung von der Entrichtung von Ein- und Ausgangszollgebühren befreit.

Art. 13.

Für die Abtretung des durch den Rheindurchstich bei Altripp abgeschnitten werdenden Dorfes Altripp und der hiezu gehörigen Gemarkung wird der Krone Bayern von der Großh. badischen Regierung eine vollkommen angemessene Entschädigung geleistet.

Die Ausmittlung dieser, noch vor dem Beginnen des Altripper Durchstichs zu realisirenden, Entschädigung, bleibt besondern Verhandlungen und einem hierauf zu gründenden Vertrage vorbehalten.

Art. 14.

Die durch die Rectification entstandenen Altwasser werden Eigenthum des Staats unter dessen Hoheit dieselben kommen; die successive Besitznahme der Altwasser erfolgt gleichzeitig mit der Hoheitsabtretung.

Als zum Altwasser gehörend wird die Fläche des Wasserspiegels, welche bis zu den Grenzen der Vegetation durch Landgewächse reicht, angesehen.

Vor Ausführung der Rectification werden die sich nach der fraglichen Bestimmung ergebenden Grenzen der abzuschneidenden Flußkrümmen mit Zuziehung der anstoßenden Grundeigenthümer abgesteint.

Art. 15.

Die beiderseitige Allerhöchste Ratification gegenwärtiger von beiden Kommissarien unterzeichneter Uebereinkunft bleibt ausdrücklich vorbehalten.

Karlsruhe, den 14. November 1825.

Folgen die Unterschriften.

(gez.) Tulla.   (gez.) Wiebeking.

Beilage Nr. XII.

Uebereinkunft

zwischen

der Krone Bayern und dem Großherzogthum Baden

über

die Vollendung der Arbeiten, welche an den zur Rectification des Rheinlaufes zwischen Neuburg und Frankenthal in Gemäßheit der Convention vom 14. November 1825 begonnenen Durchstichen, und zur unumgänglich nöthigen Verbindung derselben mit der noch bestehenden alten Richtung des Rheins erfordert werden.

Nachdem sich die unterzeichneten Bevollmächtigten in Folge der Instruction ihrer hohen Regierungen über den Zustand der Rheinrectification theils an Ort und Stelle genau überzeugt, theils hinsichtlich der Einsprache der Uferstaaten des Niederrheins gegen die nach der Uebereinkunft vom 14. November 1825 bedingte Fortsetzung in jeder Beziehung verständiget haben, sind dieselben über folgende Punkte übereingekommen:

Art. 1.

Um jeden thunlichen Beweis voller Berücksichtigung der, wenn auch unerwiesenen, und durch keine Erfahrungen bestätigten Befürchtungen zu geben, welche die Nachbar- und Uferstaaten des unterwärtigen Rheingebietes gegen die vollkommene Rectification, respective Gerabeleitung des Rheinlaufes in der bezeichneten Gegend erhoben haben, stehen beide Contrahirende gemäß erhaltener höchsten Vollmacht von dieser vollständigen Rectification ab, und erklären hiemit die Uebereinkunft vom 14. November 1825 für aufgehoben, sobald als gegenwärtige Uebereinkunft die Ratification des Königl. bayerischen und des Großh. badischen Gouvernements erhalten haben wird.

Art. 2.

Es sollen mithin die Rheinrectificationsarbeiten beider Staaten in dem oben bezeichneten, und insbesondere in dem von Mechtersheim abwärts liegenden, Flußgebiete lediglich auf die Vollendung der schon ausgehobenen Durchstiche und auf die unumgänglich nöthige Verbindung ihrer Richtungslinie mit dem alten Flußlaufe beschränkt, und neue Rectificationen, welche außerhalb dieser hydrotechnischen Erfordernisse liegen, und nicht durch die absolute Nothwendigkeit und den bedrängten Zustand jenes Flußgebietes geboten werden, durchaus vermieden werden.

Art. 3.

Es ist also von Königl. bayerischer Seite nebst den nach und nach nöthig werdenden Uferschutzarbeiten in den Durchschnitten, welche den Thalweg des Flusses schon aufgenommen haben, nur noch das Gelingen des ausgehobenen Angelhofer und Linkenheimer Durchschnitts, von Großh. badischer Seite aber die Vollendung des Leimersheimer, Germersheimer und Friesenheimer Durchschnitts, welche den Thalweg bei dem nächsten Sommergewässer aufzunehmen vereigenschaftet sind, zu bewirken.

Art. 4.

Da es aber als hydrotechnische Unmöglichkeit anerkannt werden muß, den in rechtwinklicher Richtung gegen das gegenüberliegende Ufer anfallenden Strom am Auslauf des Rheinsheimer Durchstichs Nr. 2 und am Angelhofer Durchschnitt zu belassen, da sie nebst den größten Nachtheilen für Ufer und Dämme, für Staats- und Privat-Eigenthum, bald eine ganz unregelmäßige, mithin für die stromabwärts liegenden Uferstaaten mehr als ein regelmäßiger Durchstich drohende Selbstrectification des Rheins herbeiführen würde, so vereinigen sich beide contrahirende Gouvernements, diesem unhaltbaren und drohenden Zustande des Stroms durch die regelmäßige Einleitung der schon ausgehobenen und vollendeten Durchstiche in die alte unterwärtige Strombahn zu begegnen.

Art. 5.

Dieser Zweck kann nothwendig nur — und soll nur — durch die Einlenkung der Richtung der Rheinsheimer und Angelhofer Durchstiche in den alten Rheinlauf auf der Gemarkung von Mechtersheim und Rheinhausen, Otterstadt und Ketsch bewirkt werden, sowie es der gegenwärtiger Uebereinkunft beiliegende Plan als unumgänglich nothwendig nachweiset.

Art. 6.

Sollten — so wenig dieses auch der frühern Einsprache gemäß, welche nur gegen eine vollkommene Rectifikation respective Gradableitung des Rheins gerichtet war, wahrscheinlich ist — von den Niederrheinischen Uferstaaten auch gegen die oben bezeichneten unumgänglich nöthigen Arbeiten Einsprache erhoben werden, so verbinden sich die beiden contrahirenden Regierungen zur gemeinschaftlich gründlichen Widerlegung derselben, und Bayern insbesondere zur Vertretung des gemeinschaftlichen Interesses und der Rechte in dieser Beziehung.

Beide Regierungen werden aber einstweilen in der Voraussetzung handeln, daß eine solche Einsprache nicht in der Natur der Sache begründet sei.

Als spezielle Bestimmungen über die Ausführungs-Art und Zeit werden nachfolgende Punkte festgesetzt.

Art. 7.

Die beiderseitigen Gouvernements verpflichten sich, das Gelände auf der Ketscher und Mechtersheimer Gemarkung unverzüglich nach erfolgter Ratification gegenwärtiger Uebereinkunft wechselseitig zu überweisen, und dasjenige auf Rheinhauser und Otterstadter Gemarkung bis zum Ende März 1833 ebenso zu stellen.

Art. 8.

Die zu dieser Regulirung der Flußbahn erforderlichen Grabungs-Arbeiten auf den Gemarkungen von Ketsch und Mechtersheim, und von Rheinhausen und Otterstadt sollen dann jedesmal ein Jahr nach geschehener Ueberweisung des Geländes, und die Vollendung dieser Regulirung möglichst beschleuniget werden.

Art. 9.

Die auf Hoheitsrechte, Eigenthum, Dämme und Vertheilung der Arbeiten zwischen beiden Gouvernements bezüglichen Artikel 4, 6, 7, 8, 9, 10, 11, 12 und 14 der Uebereinkunft vom 14. November 1825 werden jedoch in allen ihren Theilen aufrecht erhalten.

Art. 10.

Es sollen die Dammanlagen bei Einlenkung des Stromlaufes auf Mechtersheimer Gemarkung nach den beiliegenden Plane bestimmten Distanzen, und der alte Damm auf dem linken Ufer, Rheinhausen gegenüber, so weit zurückgesetzt werden, daß der Rhein ein Inundationsprofil von 750 Mètres = 250 Ruthen erhält.

Art. 11.

Für die Dammgruben und Dammwege hat jedesmal derjenige Staat zu sorgen, welchem die Verbindlichkeit der Dammanlage obliegt.

Art. 12.

Die Allerhöchste Ratifikation gegenwärtiger Uebereinkunft von beiden contrahirenden Gouvernements in einem Zeitraum von höchstens 6 Wochen behalten sich beide unterschriebene Commissarien ausdrücklich bevor.

Karlsruhe, den 27. Mai 1832.

(gez.) **Roggly.**
Oberbaurath.

(gez.) **L. v. Klenze.**
Königl. bayerischer wirklicher Geh. Rath und Vorstand der obersten Baubehörde.

Gegenwärtige auf den Inhalt des höchsten Staats-Ministerial-Rescripts vom 24. Mai d. J. Nr. 1673 gegründete Uebereinkunft wird ihrem ganzen Inhalt nach zum Vollzug genehmigt.

Karlsruhe, den 30 October 1832.

Großh. Ministerium des Innern.
(gez.) **Winter.**

Von Seite Bayerns.

Vorstehende genehmigte Uebereinkunft wird in dem gewöhnlichen Wege zur öffentlichen Kenntniß gebracht, und es werden die beiderseitigen Behörden zu deren Vollzug ungesäumt angewiesen werden.

München den 23. October 1832.

Königl. Staats-Ministerium des Innern.

(gez.) **Fürst von Oettingen-Wallerstein.**

Beilage Nr. XIII.

Verhandlung Ludwigshafen

am 17., 18. und 19. Juli und 15. und 16. October 1851.

Die Feststellung der Strombahn des Rheins in der bayerisch-badischen Stromstrecke von der Ausmündung des Rheinhäuser Durchstiches bis zur Groß. hessischen Grenze betreffend.

Nachdem bei der Befahrung des Rheines durch die nach Beschluß der Central-Rheinschifffahrts-Commission vom 21. Juli 1848 niedergesetzte technische Commission in dem damals verfaßten Begutachtungsprotocoll Nr. III. vom 17. April 1849 unter Anderm nach §. 2 einstimmig stipulirt wurde, daß für die Stromstrecken längs dem bayerisch-badischen Rheine, woselbst früher projectirte Durchstiche aufgehoben oder späteren Zeiten vorbehalten wurden, die Bahn des künftigen Stromlaufes festgestellt, und namentlich die für die Schifffahrt gefährliche Krümme bei dem bayerischen Dorfe Altrip corrigirt und hier ein angemessener Stromlauf geschaffen werden sollte, und aus dieser Veranlassung von dem königl. bayerischen Staatsministerium des Handels- und der öffentlichen Arbeiten an die Königl. Regierung der Pfalz der Auftrag ergangen war, hiezu geeignete Vorschläge zu machen, hat letztere mit Entschließung vom 16. Dezember 1850 einen hierauf bezüglichen Plan für die Stromstrecken von dem Rheinhäuser Durchschnitt bis zur Groß. hessischen Grenze mit einem Entwurfe für diese Stromregulirung der Groß. badischen Oberdirection des Wasser- und Straßenbaues mitgetheilt zur Zustimmung oder Vernehmung der etwaigen wünschenswerthen Abänderungen des Projectes, damit sodann hiernach die weitere Feststellung, sowie die Art der Ausführung in einer besonders hiezu anzuberaumenden Conferenz durch beiderseitige technische Commissäre näher vereinbart, und der Genehmigung der respect. hohen Staatsregierungen unterbreitet werden könnten.

Auf die inzwischen stattgefundenen Mittheilungen über das anzunehmende Stromregulirungsproject und die erfolgte gegenseitige Zustimmung desselben wurden nach den zwischen der Königl. Regierung der Pfalz und der Groß. Oberdirection des Wasser- und Straßenbaues erfolgten Communicationen die Unterzeichneten zu Commissären der in der Sache zu eröffnenden Verhandlungen ernannt, und es haben sich solche demgemäß hier, als dem von der Königl. Regierung der Pfalz hiezu vorgeschlagenen Orte, eingefunden, und die Verhandlungen selbst sofort vorgenommen.

Nachdem nun unter Zugrundlegung des gemeinschaftlich entworfenen und, wie schon bemerkt, gegenseitig adoptirten Vorschlages für die Stromregulirung auf den bezüglichen Strecken zwischen der Ausmündung des Rheinhäuser Durchschnittes und der Groß. hessischen Landesgrenze die näheren Prüfungen stattgefunden, und die besonderen Verhältnisse, wie solche hier bestehen, erwogen und erörtert wurden, hat man sich unter Vorbehalt der Genehmigung der respect. hohen Staatsregierungen zu nachstehenden Bestimmungen endlich vereinigt:

Art. 1.

Für den Stromlauf zwischen der Ausmündung des Rheinhäuser und der Einmündung des Angelhofer Durchschnittes, sowie von der Ausmündung des Ketscher bis zur Einmündung des Friesenheimer Durchschnittes, und endlich von der Ausmündung des Friesenheimer Durchschnitts bis zur badisch-hessischen Landesgrenze soll, da nun einmal nach den bereits bestehenden Verträgen von dem früheren Projecte der Stromregulirung abgestanden werden muß, der Stromregulirungsplan angenommen, und für die beiderseitigen Uferbauten als Norm festgehalten werden, wie solcher in der anliegenden Stromkarte, von der zwei übereinstimmende Exemplare gefertigt und gegenseitig ausgetauscht werden sollen, roth eingezeichnet, und mit Berücksichtigung der in den Verträgen vom 7. November 1832 und in der protocollarischen Verhandlung vom 12. Februar 1833 enthaltenen Bestimmungen entworfen worden ist.

Art. 2.

Die Normalbreite des Strombettes bleibt von der Ausmündung des Rheinhauser Durchschnittes an bis zum Eintritte des Neckars in den Rhein auf 240 Meter umsomehr festgesetzt, als in dieser Breite auch die in genannter Strecke liegenden Durchschnitte schon ausgeführt sind. Vom Eintritte des Neckars an wird die Normalbreite des Strombettes auf 300 Meter firirt.

Art. 3.

Die zur Regulirung der ersteren Strecke von der Ausmündung des Rheinhauser Durchschnittes bis zur Einmündung des Angelhofer Durchschnittes auf beiden Ufern erforderlichen Bauwerke sollen nunmehr nach Maßgabe dieses Regulirungsplanes nach und nach, sowie sich die Verhältnisse hiezu günstig gestalten, und zwar auf dem linkseitigen Ufer von Seiten Bayerns und auf rechtseitigem Ufer von Seiten Badens auf eigene Kosten in Ausführung gebracht, jedoch soll die Zeit, in welcher die Ausführung der einzelnen Bauwerke zu geschehen hat, sowie Art und Weise der Ausführung selbst lediglich dem Ermessen der resp. hohen Regierungen überlassen bleiben, wobei zugleich, als sich von selbst verstehend, angenommen wird, daß bei bereits nur in geringer Entfernung von der nunmehr festgestellten Normallinie mit vielen Kosten künstlich gedeckten Ufern nur dann auf eine Vorrückung in die Normallinie Rücksicht genommen zu werden brauche, wenn es die Verhältnisse ohne namhaften Kostenaufwand gestatten.

Art. 4.

Von der Ausmündung des Retscher Durchschnittes an bis zu den Inseln Kuhschleuß unterhalb des Dorfes Altripp hat die Durchführung der im Plane entworfenen Correction auf gemeinschaftliche Kosten zu geschehen, mit Ausnahme der Deckung und Vorführung der Ufer auf die Normalinien, welches jeder Staat auf seinem Gebiete für eigene Rechnung herstellen zu lassen übernimmt. Die Zeit der Vornahme und Fortbildung des Unternehmens bleibt der Feststellung der beiderseitigen hohen Regierungen überlassen.

Art. 5.

Vom Endpunkte dieser Stromregulirung an bis Ludwigshafen und Mannheimer Schiffbrücke sollen gleiche Bestimmungen, wie in der ersteren Stromstrecke Art. 3, Geltung haben.

Art. 6.

Auf der Stromstrecke zwischen der Mannheimer Rheinbrücke und der Einmündung des Friesenheimer Canales, auf welcher zweierlei Regulirungsvorschläge auf der Karte eingezeichnet sind, soll die roth ausgezeichnete Strohmbahn maßgebend bleiben. Für den Fall jedoch, daß weitere hierauf bezügliche

Bauanlagen noch nicht ins Werk gesetzt worden wären, wenn der Mühlaucanal, sog. Gießen, einen veränderten Lauf erhalten, oder durch andere Vorkehrungen entbehrlich, oder in Folge der Stromverhältnisse beseitigt werden sollte, kann bei bestehender Uebereinstimmung die dem Friesenheimer Canale mehr anpassende roth punktirte Strombahn eingehalten und als Norm angesehen werden.

Die zur Offenhaltung einer freien directen Schifffahrtsverbindung von den Häfen der beiderseitigen Uferstaaten mit dem Neckar in der Folge etwa nöthig werdenden Bauanlagen sollen einer weiteren Vereinbarung vorbehalten bleiben.

Art. 7.

Die durch diesen neuen Stromlauf auf beiden Ufern entstehenden Altwasser verbleiben demjenigen Staate als Eigenthum, unter dessen Hoheit solche successiv seiner Zeit zu liegen kommen, sowie dies die früheren Verträge zwischen den beiderseitigen Uferstaaten schon festgestellt haben.

Art. 8.

Was endlich die Regulirung der letzten Stromstrecke von der Ausmündung des Friesenheimer Canals bis zur badisch-hessischen Landesgrenze betrifft, so soll auch diese in Berücksichtigung der Wichtigkeit und Nothwendigkeit einer geregelten Fortleitung der vereinten Ströme als ein auf gemeinschaftliche Rechnung beider Uferstaaten auszuführendes Unternehmen angesehen, und die Ausführung in der Weise angebahnt werden, daß

a) die sich in der linksseitigen Concave bildende Alluvion successive bis zur Normallinie festgehalten, und sodann mit der Uferdeckung selbst nach und nach, sowie es die Verhältnisse gestatten, vorgeschritten,

b) auf der rechten Uferseite dagegen die Uferdeckung nach Maßgabe des fortschreitenden Uferabbruches in der Normale bewirkt, und zu diesem Behufe

c) die Acquisition des in den neuen Stromlauf fallenden Geländes, sobald es nothwendig wird, bethätigt werden.

Art. 9.

Wenn in den Strecken, wofür der neue Regulirungsplan bestimmt ist, bestehende Dämme verlegt, dem Strome näher gerückt, oder zur Eindeichung des Geländes auf dem rechten oder linken Ufer neu angelegt werden wollen, soll, wenn die zu verändernde oder neue Dammlage nicht bereits vertragsmäßig schon festgestellt ist, oder den Bedingungen der früheren Verträge gemäß wenigstens 150 Meter von der Normallinie entfernt bleibt, die beabsichtigte Abänderung oder neue Dammlage einer vorherigen gegenseitigen Vereinbarung vorbehalten bleiben.

Art. 10.

Gegenwärtiges Protocoll soll gegenseitig ausgewechselt werden, um dasselbe den hohen Regierungen zur weiteren Beschlußfassung vorzulegen.

Geschlossen Ludwigshafen, am 16. October 1851.

(gez.) **Sauerbeck.** (gez.) **Glein.**
Großh. badischer Oberbaurath. Königl. bayerischer Regierungs-
 und Kreisbaurath.

Protocoll.

Beilage Nr. XIV.

Die Feststellung der Strombahn des Rheins in der bayrisch-badischen Stromstrecke von der Ausmündung des Rheinhauser Durchstichs bis zur Großh. hessischen Grenze betreffend.

Nachdem durch Beschluß des Königl. bayerischen Staatsministeriums des Handels und der öffentlichen Arbeiten, dd. München den 12. November 1856, und des Großh. badischen Ministeriums des Innern, dd. Carlsruhe den 26. Januar 1857, angeordnet wurde, daß wegen Feststellung einer Correctionsbahn des Rheins auf der Strecke von Rheinhausen bis zur hessischen Grenze die frühere desfallsige Vereinbarung zwischen den technischen Commissären von Bayern und Baden, dd. Ludwigshafen, den 16. Oct. 1851, nach den inzwischen eingetretenen Verhältnissen einer nochmaligen Revision unterworfen werden soll, und hiezu von Königl. bayerischer Seite der Königl. Regierungsrath und Kreisbaurath Lavale, von Großh. badischer Seite der Großh. Oberbaurath Sauerbeck als Commissäre ernannt worden waren, haben dieselben eine Strombefahrung vorgenommen, alle Verhältnisse in nähere Erwägung gezogen, und sich schließlich unter Vorbehalt der Genehmigung der respectiven hohen Staatsregierungen geeinigt, wie folgt:

Art. 1.

Für die Stromstrecke von der Ausmündung des Rheinhauser bis zur Einmündung des Angelhofer, und von der Ausmündung des Ketscher bis zur Einmündung des Friesenheimer Durchstichs soll im Allgemeinen der früher bestimmte Correctionslauf eingehalten und nur in der Weise modificirt werden, wie die nunmehr zu Grunde gelegte neuere Karte dieses angibt, auf welcher die Correction mit rother Farbe eingetragen ist. Für die Strecke von der Ausmündung des Friesenheimer Durchstichs bis zur Großh. hessischen Landesgrenze soll dagegen die Correction in der Art eingehalten werden, wie dieselbe abweichend von der frühern Bestimmung auf der Karte ebenfalls mit rother Farbe abgetuscht ist.

Von der Karte sollen zwei übereinstimmende Exemplare gefertigt, und als Norm für die auf beiden Seiten einzuhaltenden Uferbauten gegenseitig ausgetauscht werden.

Art. 2.

Die Normalbreite des Strombettes bleibt von der Ausmündung des Rheinhauser Durchschnittes an bis zum Eintritt des Neckars in den Rhein auf 240 Meter um so mehr festgesetzt, als in dieser Breite auch die in genannter Strecke liegenbenden Durchschnitte schon ausgeführt sind.

Vom Eintritte des Neckars an wird die Normalbreite des Strombettes auf 300 Meter fixirt, wie solche auf der anstoßenden Strecke durch das Großherzogthum Hessen angenommen ist.

Art. 3.

Die zur Regulirung des Stromes auf beiden Ufern erforderlichen Bauwerke sollen nunmehr nach und nach, sowie sich die Verhältnisse hiezu günstig gestalten, und zwar auf dem linkseitigen Ufer von Seiten Bayerns und auf dem rechtseitigen Ufer von Seiten Badens auf eigene Kosten in Ausführung gebracht werden, jedoch soll die Zeit, in welcher die Ausführung der einzelnen Bauwerke zu geschehen hat, sowie Art und Weise der Ausführung selbst, lediglich dem Ermessen der respectiven hohen Regierungen überlassen bleiben, wobei zugleich als sich von selbst verstehend angenommen wird, daß bei bereits nur in geringer Entfernung von der nunmehr festgestellten Normallinie mit vielen Kosten künstlich gedeckten Ufern nur dann auf eine Verrückung in die Normallinie Rücksicht genommen zu werden brauche, wenn es die Verhältnisse ohne namhaften Kostenaufwand gestatten. Dagegen sollen die in die neue Strombahn vorspringenden gedeckten Uferstellen in möglichster Bälde auf die Normallinie zurückgeführt werden.

Art. 4.

Von dem Punkt A. unterhalb der Ausmündung des Ketscher Durchstichs bis zu dem Neckarauer Aufeld unterhalb Altripp (Punkt B. des Plans) soll die Durchführung der entworfenen Correction auf gemeinschaftliche Kosten geschehen, weil auf der ganzen zu corrigirenden Stromstrecke zwischen Rheinhausen und der hessischen Grenze kein anderer Durchstich ausgeführt wird, und keine Gelegenheit zur gegenseitigen Kostenausgleichung gegeben ist.

Als zur gemeinschaftlichen Kostenverrechnung gehörig werden bezeichnet:

1) Die Acquisition des in die Strombahn fallenden den Gemeinden oder Privaten angehörigen Geländes;
2) die Aushebung des Durchstichs selbst;
3) die Aushebung der alten Steinbedeckungen innerhalb desselben;
4) Die durch den Durchstich nöthig werdende Zurücklegung des Hauptrheindammes vor dem Dorfe Altripp;
5) der Minderwerth des Feldes, welches durch die Zurücklegung des letztbezeichneten Dammes ausgedeicht wird, und
6) die etwaige zum Gelingen des Durchstichs sich nöthig zeigende Anlage eines Schöpfwerkes.

Die Fixirung der Ufer in der Normallinie übernimmt jeder Staat auf eigene Kosten und zwar in der Art, daß Bayern die Uferbauten auf der linken Seite, Baden dagegen diejenigen auf der rechten Seite herzustellen hat.

Die Zeit der Vornahme und Fortbildung des Unternehmens bleibt der Feststellung der beiderseitigen hohen Regierungen überlassen, ebenso wie die Art der Besorgung der Grundentschädigungsverhandlungen und der Leitung der gemeinschaftlichen Bauarbeiten.

Art. 5.

Für die anderen Stromstrecken, nämlich von der Ausmündung des Rheinhauser Durchstichs bis Punkt A. unterhalb der Ausmündung des Ketscher Durchstichs, von unterhalb dem Dorfe Altripp (Punkt B. des Planes) bis zur Einmündung des Friesenheimer Durchstichs, und von der Ausmündung des letzteren bis zur Großh. hessischen Grenze sollen die unter Art. 3 gegebenen Bestimmungen maßgebend bleiben.

Art. 6

Auf der Stromstrecke zwischen der Mannheimer Rheinbrücke und der Einmündung des Friesenheimer Canals, auf welcher zweierlei Regulirungsvorschläge auf der Karte eingezeichnet sind, soll die roth ausgezeichnete Strombahn maßgebend bleiben.

Für den Fall jedoch, daß weitere hierauf bezügliche Bauanlagen noch nicht ins Werk gesetzt worden wären, wenn der Mühlaucanal sogenannte Gießen einen veränderten Lauf erhalten, oder durch andere

Vorkehrungen entbehrlich, oder in Folge der Stromverhältnisse beseitigt werden sollte, kann bei bestehender Uebereinstimmung die dem Friesenheimer Canale mehr anpassende roth punktirte Strombahn eingehalten werden.

Falls durch die Verlegung der Neckarmündung der bisher bestandene Rheinschifffahrtsverkehr zwischen dem Neckar und Ludwigshafen unterbrochen oder gehemmt wird, soll den von und nach dem Neckar gehenden Schiffen die freie Passage durch den Mühlaukanal ohne Entrichtung von Gebühren gestattet sein. Die Königl. bayerische Regierung verpflichtet sich jedoch, von jenem Zeitpunkte an, von welchem der directe Schifffahrtsverkehr zwischen Neckar und Ludwigshafen nicht mehr durch den Altrhein vermittelt wird, zu den Kosten der Unterhaltung des Mühlaucanals einen angemessenen Beitrag zu leisten.

Die Bestimmung über die Größe wird späterer Vereinbarung vorbehalten.

Art. 7.

Die durch diesen neuen Stromlauf auf beiden Ufern entstehenden Altwasser verbleiben demjenigen Staate als Eigenthum, unter dessen Hoheit solche successiv zu liegen kommen, sowie dies die früheren Verträge zwischen den beiderseitigen Uferstaaten schon festgestellt haben.

Art. 8.

Sobald der Friesenheimer Canal den Thalweg aufgenommen hat, und in seiner Ausbildung an der Ausmündung die Uferlinie in Bälde erreicht, soll mit dem Ausbau derselben, wenn dies nicht schon früher für nöthig erachtet worden ist, stromabwärts fortgefahren werden.

Die Zurücklegung der rechtseitigen Uferdeckung unterhalb der künftigen Neckarausmündung soll dann erst geschehen, wenn oberhalb derselben das rechtseitige Rheinufer mit dem linkseitigen Neckarufer in der Weise vereinigt sein wird, wie dies auf dem Plane näher angegeben ist.

Art. 9.

Wenn in den Strecken, wofür der neue Regulirungsplan bestimmt ist, bestehende Dämme verlegt, dem Strome näher gerückt, oder zur Eindeichung des Geländes auf dem rechten oder linken Ufer neu angelegt werden wollen, soll, wenn die zu verändernde oder neue Dammlage nicht bereits vertragsmäßig schon festgestellt ist, oder den Bedingungen der früheren Verträge gemäß wenigstens 150 Meter von der Normale entfernt bleibt, die beabsichtigte Abänderung oder neue Dammlage einer vorherigen gegenseitigen Vereinbarung vorbehalten bleiben.

Art. 10.

Gegenwärtiges Protokoll soll gegenseitig ausgewechselt werden, um dasselbe den hohen Regierungen zur weiteren Beschlußfassung vorzulegen.

Ausgefertigt und ausgewechselt zu Karlsruhe, den 7. Mai 1857.

(gez.) **Sauerbeck.**   (gez.) **Lavale.**
Gr. Oberbaurath.   K. Kreisbaurath.

Beilage Nr. XV.

Vergleichende Darstellung der Länge des Thalwegs
in den Jahren 1817 und 1861
längs der badisch-bayerischen Grenze.

Bezeichnung der Inspectionen.	Ordnungszahl.	Namen der Gemeinden.		Länge des Thalwegs.		Länge der Normallinie.
		Badische.	Bayerische.	1817.	1861.	
				Ruthen.		
Rastatt	1 2	Au (vom G.P. 120)	Neuburg	920	795	780
Carlsruhe	3 4 5 6 7 8 9 10 11 12 13 14 15 16 17	Neuburgweier Daxlanden Kniesingen Eggenstein Leopoldshafen Linkenheim Hochstetten Liebelsheim Rußheim	Hagenbach Pforz Wörth Neupfotz Leimersheim Sondernheim	15040	9270	9249
Bruchsal	18 19 20 21 22 23	Rheinsheim Philippsburg Oberhausen Rheinhausen	Germersheim Mechtersheim	11160	4440	4369
			Uebertrag:	27120	14505	14398

8

Bezeichnung der Inspectionen.	Ordnungszahl.	Namen der Gemeinden.		Lage des Thalwegs.		Lage der Normallinie.
		Badische.	Bayerische.	1817.	1861.	
				Ruthen.		
			Uebertrag:	27120	14505	14398
Mannheim	24	Altlußheim				
	25	Hockenheim	Speyer			
	26					
	27		Otterstadt			
	28	Ketsch				
	29	Brühl				
	30	Rohrhof				
	31		Altripp			
	32	Neckarau		19030	14380	13675
	33		Mundenheim			
	34	Mannheim				
	35		Ludwigshafen			
	36		Friesenheim			
	37		Oppau			
	38	Käferthal				
	39	Sandhofen				
	40	Kirschgartshausen				
				46150	28885	28073

Beilage Nr. XVI.

Längen

der eingebauten, mit Stein gedeckten und nicht eingebauten Strecken des Normalufers längs der badisch-bayerischen Grenze.

Bezeichnung der Inspectionen.	Ordnungszahl	Namen der Gemeinden.	Länge des Normalufers.			Gesammt- länge.
			eingebaut.		nicht eingebaut.	
			nicht binn- länglich ge- deckt.	mit Stein gedeckt.		
			Fuß.			
Rastatt	1	Au (von G.P. 120)	2200	2900	2700	7800
Carlsruhe	2 3 4 5 6 7 8 9 10 11	Neuburgweier Kastenwörth Daxlanden Knielingen Eggenstein Leopoldshafen Linkenheim Hochstetten Liedolsheim Huttenheim	37300	27900	25090	90290
Bruchsal	12 13 14 15	Rheinsheim Philippsburg Oberhausen Rheinhausen	18740	4980	6470	30190
Mannheim	16 17 18 19 20 21 22 23 24 25	Altlußheim Grünwald Hockenheim Ketsch Brühl Rohrhof Seckenheim Neckarau Mannheim Kirschgartshausen	7460	19390	109900	136750
			65700	55170	144160	265030

8*

Beilage Nr. XVII.

Darstellung

der Verwendungen auf den Rhein längs der bayerischen Grenze in den Jahren 1817 bis 1862.

Jahrgang	Ordentlicher Etat		Außerordentlicher		Summe	
	fl.	kr.	fl.	kr.	fl.	kr.
1817	111045	57	—	—	111045	57
1818	103128	22	—	—	103128	22
1819	75775	49	—	—	75775	49
1820	63713	17	—	—	63713	17
1821	51227	47	—	—	51227	47
1822	42298	19	—	—	42298	19
1823	46524	15	—	—	46524	15
1824	86272	53	—	—	86272	53
1825	160237	19	—	—	160237	19
1826	149706	15	—	—	149706	15
1827	163976	20	—	—	163976	20
1828	66363	59	—	—	66363	59
1829	12593	1	—	—	12593	1
1830	20404	44	—	—	20404	44
1831	27182	54	—	—	27182	54
1832	33781	17	—	—	33781	17
1833	45770	10	—	—	45770	10
1. Jan. 1834 bis Ende Mai 1834	26454	14	—	—	26454	14
1. Juni 1834 bis 1. Juni 1835	58606	—	75	—	58681	—
1. Juni 1835 bis 1. Juli 1836	31125	—	20421	—	51546	—
" 1836/37	34409	—	48483	—	82892	—
" 1837/38	36505	—	65742	—	102247	—
" 1838/39	35428	—	108325	—	143753	—
" 1839/40	30026	—	86721	—	116747	—
" 1840/41	35936	—	89814	—	125750	—
" bis letzten Dezember 1841	16219	—	22514	—	38733	—
1842	34896	—	41137	—	76033	—
1843	33096	—	42756	—	75852	—
1844	27331	—	47398	—	74729	—
1845	35836	—	58447	—	94283	—
1846	32311	—	58181	—	90492	—
1847	36652	—	42961	—	79613	—
1848	32357	—	39048	—	71405	—
1849	30204	—	36483	—	66687	—
1850	31108	—	28044	—	59152	—
1851	27655	—	52665	—	80320	—
1852	26000	—	54041	—	80041	—
1853	28682	56	52527	5	81210	1
1854	30049	11	42125	24	72174	35
Uebertrag	1970888	59	1037908	29	3008797	28

Jahrgang.	Ordentlicher		Außerordentlicher		Summe.	
	Etat.					
	fl.	kr.	fl.	kr.	fl.	kr.
Uebertrag	1970888	59	1037908	29	3008797	28
1855	95862	31	59295	34	95158	5
1856	31548	9	31996	29	63544	38
1857	31771	44	43996	2	75767	46
1858	38592	8	43422	4	82014	12
1859	38334	39	51336	16	89670	55
1860	38335	20	47827	8	86162	28
1861	39046	51	56982	24	96029	15
Gesammt-Summe	2224380	21	1372764	26	3597144	47

Beilage Nr. XVIII.

Darstellung
der
Fluß- und Dammbaubeiträge vom Rhein längs der bayerischen Grenze
pro 1819 bis 1861 incl.

Jahrgang.	Betrag.		Jahrgang.	Betrag.		Jahrgang.	Betrag.	
	fl.	kr.		fl.	kr.		fl.	kr.
			Uebertrag:	366241	47	Uebertrag:	708670	4
1819	15444	14	1834	23129	38	1849	24487	7
1820	14256	2	1835	23188	35	1850	24248	14
1821	38816	29	1836	21829	48	1851	24498	24
1822	27417	4	1837	22094	33	1852	25192	31
1823	24453	25	1838	22188	58	1853	24932	—
1824	26125	1	1839	21684	54	1854	24922	2
1825	24512	43	1840	21368	22	1855	27347	13
1826	24830	17	1841	23346	22	1856	30499	30
1827	25984	7	1842	15957	48	1857	29965	7
1828	24316	39	1843	23731	18	1858	31761	47
1829	23263	53	1844	24939	53	1859	33053	24
1830	26353	63	1845	24310	54	1860	33139	21
1831	22418	11	1846	24948	31	1861	33312	42
1832	23038	23	1847	24801	49			
1833	25011	26	1848	24906	54			
Uebertrag:	366241	47	Uebertrag:	708670	4	Summa:	1076029	26

Beilage Nr. XIX.

Darstellung

der Verwendungen auf dem Rhein längs der bayerischen Grenze vom Jahr 1838 bis 1861.

Jahrgang.	ordentlicher Etat.		außerordentlicher Etat.		Aufwand im Ganzen.	
	fl.	kr.	fl.	kr.	fl.	kr.
1. Juli 1838/39	35428	—	108325	—	143753	—
1. „ 1839/40	30026	—	86721	—	116747	—
1. „ 1840/41	35936	—	89814	—	125750	—
1. „ bis letzten Dezember 1841 .	16219	—	22514	—	38733	—
1842	34896	—	41137	—	76033	—
1843	33096	—	42756	—	75852	—
1844	27331	—	47398	—	74729	—
1845	35836	—	58447	—	94283	—
1846	32311	—	58181	—	90492	—
1847	36652	—	42961	—	79613	—
1848	32357	—	39048	—	71405	—
1849	30204	—	36483	—	66687	—
1850	31108	—	28044	—	59152	—
1851	27655	—	52665	—	80320	—
1852	26000	—	54041	—	80041	—
1853	28682	56	52527	5	81210	1
1854	30049	11	42125	24	72174	35
1855	35862	31	59295	34	95158	5
1856	31548	9	31996	29	63544	38
1857	31771	44	43996	2	75767	46
1858	38592	8	43422	4	82014	12
1859	38334	39	51336	16	89670	55
1860	38335	20	47827	8	86162	28
1861	39046	51	56982	24	96029	15
	777278	29	1238043	26	2015321	55

Beilage Nr. XX.

Aufstellung des Flächeninhalts
des alten in Folge der Correction verlassenen Strombetts des Rheins
längs der Badisch-Bayerischen Grenze 1861.

Namen der Gemeinden und Gemarkungen.		Altes Rheinbett außerhalb der Correction.				Bemerkungen.
		Rechtes Ufer.		Linkes Ufer.		
Badische.	Bayerische.	Wasser.	Sand.	Wasser.	Sand.	
		Morgen.				
An Neuburgweier		203	45	—	—	Das alte verlassene Rheinbett nahm demnach in den badischen Gemarkungen eine Fläche ein von:
	Neuburg	126	105	—	—	Wasser 4586 Morgen,
Kastenwörth		—	—	61	—	Sand 1094 „
	Hagenbach	23	28	—	—	I. 5610 Morgen,
Darlanden		—	—	11	—	und in den bayerischen Gemarkungen:
	Pforh	296	137	—	—	Wasser 2846 Morgen,
Knielingen		—	—	420	78	Sand 769 „
	Wörth	530	126	—	—	II. 3615 Morgen,
Eggenstein		—	—	702	208	I. 5610 „
	Neupfotz	547	119	—	—	Zusammen: 9225 Morgen.
	Leimersheim	—	—	67	33	
Leopoldshafen		—	—	172	63	
Lintenheim		227	20	—	—	
Hochstetten		156	20	—	—	
	Sondernheim	84	29	—	—	
Liebolsheim		—	—	53	26	
Huttenheim		69	48	—	—	
	Germersheim	422	103	—	—	
	Wiechtersheim	64	43	588	254	
Rheinsheim		—	—	286	81	
Phillypsburg		17	—	—	—	
Oberhausen		457	103	—	—	
	Speyer	54	30	—	—	
		—	—	432	83	
Herrschaftlicher Rheinwald		426	46	—	—	
Kollerwiesen		—	—	670	113	
Sedenheim		88	14	—	—	
Neckarau		48	8	—	—	
Sandhofen		73	—	—	—	
		3910	1024	3452	839	